全国の青少年と学生に贈る

生涯読書のすすめ

全国の青少年と学生に贈る　読書のすすめ

◉目次

まえがき……河合栄治郎研究会代表、桜美林大学名誉教授　川西重忠　6
『増補改訂版　生涯読書のすすめ』発刊によせて─大学教育と読書について…桜美林大学総長　佐藤東洋士　9
はしがき　内なるダイバーシティと読書……ニチレイ相談役　浦野光人　12
現代の学生に贈るメッセージ─「永遠の今」を大切に─……元通産事務次官、東洋大学理事長　福川伸次　14

序章

「読むこと」『学生に与う』（河合栄治郎）より……18

第1章　読書について　読書と人生

不滅の古典との出会い……元金沢星稜大学学長　早瀬勇　30
私の1冊「働きつつ学び研究する」活動への扉を開いた『資本論』……名古屋学院大学教授　十名直喜　33
難しい本、やさしい本……立教大学名誉教授・経済社会学会会長　間々田孝夫　37
モンテーニュ〝如何に生くべきか〟……韓国青少年図書財団理事長　李晟遠　40
読書は忘れた頃に知恵となる……紀伊國屋書店代表取締役会長兼社長　高井昌史　43
百年前の先達なら現代をどう見るだろうか……日本大学商学部　髙久保豊　45
『対訳21世紀に生きる君たちへ』（司馬遼太郎著）……元佐世保重工業株式会社社長・会長　森島英一　47

目次

私の読書法……株式会社クラレ相談役　和久井康明　50
全体主義＝ディストピアに抗して……沖縄国際大学法学部教授　芝田　秀幹　51
危機の時代に古典を読む……駒沢大学法学部教授　清滝　仁志　57
教養と読書……京都産業大学教授、元外務省欧亜局長　東郷　和彦　60
大学生活における教養と読書……愛知淑徳大学教授　渡辺かよ子　63
本屋に行こう……早稲田大学本庄高等学院　佐々木幹雄　67
読書有三到……桜美林大学グローバル・コミュニケーション学群専任講師　及川　淳子　69
理論的著作を読む意義と方法―「美しき緻密さ」との出会い―……宇都宮大学准教授　佐々木英和　72
「全国の青少年と学生に贈る　読書の勧め」……非営利株式会社ビッグ・エスインターナショナル代表取締役　大坂　靖彦　75

第2章　私の愛読書

一冊の書 司馬遼太郎『菜の花の沖』『高田屋嘉兵衛』熱き男のロマン（Dreams come true）……オーケー化成社長　花谷　修　84
私の愛読書……元駐中国・インド大使　谷野作太郎　90
トーマス・マンの『ブッデンブローク家の人々』を読む……サンデン㈱・元オーストラリア社長　高橋　忠夫　94
賀川豊彦『死線を超えて』が語る人類愛……日本生命会長　岡本　圀衞　97
読書と人生、ドストエフスキーとともに生きて……名古屋外国語大学学長　亀山　郁夫　100
私の愛読書　丸山真男を「導きの糸」に……国際教養大学名誉教授　勝又美智雄　102
トルストイ『復活』……早稲田大学名誉教授・元総長、（一財）アジア平和貢献センター理事長　西原　春夫　105

『論語』と私……………………元カネボー会長、元日本航空会長　伊藤淳二　109
『新史　太閤記』（司馬遼太郎著）……………………北海道大学名誉教授　木村汎　112
『福翁自伝』（福沢諭吉著）……………………東京山喜㈱　タンス屋社長　中村健一　116
私に最も強い影響を与えた本　河上肇『貧乏物語』……………元岩手県立大学学長、元国連大使　谷口誠　118
『学生に与う』（河合栄治郎）に導かれて……………………元京都橘大学教授　西谷英昭　123
「私を下支えした生涯の一冊」……………………同朋大学大学院人間福祉研究科特任教授　伊東眞理子　125

第3章　推薦の書

「読書のすすめ」ジョナサン・スウィフト著『ガリヴァー旅行記』……政策研究大学院大学理事・客員教授　小島明　130
私が推薦する書籍　矢内原忠雄『国家の理想』『神の国』……………オタゴ大学教授　将基面貴巳　132
ドストエフスキー著『カラマーゾフの兄弟』……………………新潟県立大学教授　袴田茂樹　135
偉大なる精神闘争の指南書：内村鑑三『後世への最大遺物』……………聖学院大学准教授　松井慎一郎　138
私が推薦したい一冊の本　ヒルテイ『幸福論』……………………岡山大学名誉教授　行安茂　141
塩尻公明『或る遺書について』―私の推薦する一冊―……………元大阪教育大学長　中谷彪　144
河合栄治郎全集の読書をすすめます。……………聖学院大学客員教授、一橋大学名誉教授　田中浩　147
青少年と学生への読書のすすめ　私の読書体験から……………ANAホールディングス株式会社相談役　大橋洋治　150
中島敦『名人伝』のすすめ……………………慶応大学講師　閻瑜　152
歴史の豊穣さを実感する三冊……………………作家・現代中国文学者　劉燕子　156

本は生きている　下村胡人『青年の思索のために』……亜細亜大学准教授　宇佐見義尚　163
ジャン・ポール・サルトル『嘔吐』……共同通信客員論説委員　岡田　充　168
『論語』のすすめ……福山大学名誉教授　大久保　勲　171

第4章　私の読書記録　読書余滴

「マスコミの王様」大宅壮一の青少年青少年時代をよむ……宮崎県立大学准教授　阪本　博志　174
〝『心に太陽を持て！』―読書遍歴の末に思い出す小学読本〟……ハチソンワンポアジャパン代表　遠藤　滋　177
イギリスの血沸き肉躍る二人の作家について……法政大学名誉教授　川成　洋　180
『箴言と考察』を巡る思い出……関西大学東京センター長　竹内　洋　185
幼い時の講談本から……公益社団法人スコーレ家庭教育振興協会会長　永池　榮吉　187
真の国際人とは　新渡戸稲造と『武士道』……文部科学省　森上　優子　190
真の勇気と大人としての日本人　マックス・ヴェーバー『職業としての政治』……関西学院大学副学長、前駐ドイツ大使　神余　隆博　192
読書の今日的意義、「本の学校」の試み……今井書店会長　永井　伸和　195
青少年と学生への読書のすすめ　『三国志』から内村鑑三『代表的日本人』へ……桜美林大学教授　川西　重忠　197
『1421～中国が新大陸を発見した年』過去のロマンと現代の夢……国際貿易投資研究所 研究主幹　江原　規由　202
書物に行動のエネルギーを求めた河井継之助――司馬遼太郎『峠』……元中国重慶総領事　瀬野　清水　205
読書の勧め……一般社団法人日中経済貿易センター相談役　青木俊一郎　207
出版後記「あとがき」に代えて……桜美林大学北東アジア総合研究所所長　川西　重忠　211

まえがき

河合栄治郎研究会代表、桜美林大学名誉教授　川西　重忠

青少年と学生の活字離れが止まらない。書籍の売り上げが5年前の2兆5000億円から1兆5000億円へと急落し、1か月に1冊も本を読まない学生が45％を超えている（2015年度）。

文化を承継してゆく立場の大学生の読書離れは顕著である。この傾向は社会教育構造の変化やSNSの普及とも連動しているため、弱まるどころか、さらに加速する傾向が強い。

桜美林大学北東アジア総合研究所では、河合栄治郎研究会と連携し、毎年2月に学生生活に関する著書を発行してきた。累計では7冊を数えるシリーズである。

「人格の成長と完成」を基本概念とした河合の理想主義哲学は、読書を人格形成の中核と位置づける。読書の衰退は文化力の衰退と考える私たちは、今回、趣旨に共感する研究会の有志と有識者の力を借りて『全国の青少年と学生に贈る　読書のすすめ』の増補改訂版『生涯読書のすすめ』の出版にこぎつけた。企画を始めて実に2年が経過するというロングランとなっ

た。私の身辺の多忙がその主な理由であるが、少しでも質量ともに充実した著書の完成を目指したが故でもあった。寄稿者の皆様や関係者各位にまずはお礼とお詫びを申し上げたい。

今回の新著でも、次の5項目の特徴を踏襲した。

第1に、読者の対象者を一般読書人、とくに青少年と学生とした。

第2に、青少年と学生の成長に共感と愛情を持つ全業界の有識者に執筆を依頼した。教育関係者以外にも企業人、言論人、政府関係者と広範囲にわたる多彩な陣容となった。

第3に、通常サイズの読みやすい単行本とし、読書と教養を中心に十分のスペースをとった。

第4に、読書の楽しみと読書の意味を一般読書人、とくに青少年と学生に伝えることにより、文化の継承を図り、社会文化の建設に寄与貢献したいという基本理念に基づいた。

最後に、今回も河合栄治郎研究会の編集とした。

執筆者の皆様からはご多忙の中、玉稿をお寄せいただいた。感謝の言葉もありません。読書離れが進む時代に、「読書のすすめ」の続編が出版されること自体に意義があるともいえましょう。どのように科学技術が進もうとも、企業社会の組織化が進み社会生活が変わろうとも、行き着く先は人であり、大事なものは教育であり人格であることを改めて想起したい。

全国の読書人と、青少年と学生諸君によき師、よき友、よき書とのよき縁とよき出会いがありますように……。

この思いを、本書の発行に込めて皆様に贈ります。

『増補改訂版　生涯読書のすすめ』発刊によせて
―大学教育と読書について

桜美林大学総長　佐藤　東洋士

アジア・ユーラシア総合研究所より、増補改訂版『生涯読書のすすめ』が再刊される機会に、大学における読書に付いて個人的な考えを述べたいと思う。

最近は、出版物もスマートフォンやタブレット型端末で読めるようになった。内容も、新聞、絵本、漫画、雑誌、小説、教科書、学術書等々ありとあらゆる出版物が身近に容易に取得できるようになっている。長年、先達が培ってきた出版文化も変わりつつあるかなと思いもする。

大学についても同様であるかもしれない。キャンパスが複数存在すると電子図書館化を検討する議論まで出て、共通図書はクラウドに載せて、学生はどこにいても端末でアクセスが出来るようにするということである。第5次産業革命としてＡＩの可能性が取りざたされているが、人工知能の中に知的情報が存在をしていて、人間は必要に応じてそれを取り出すオペレータに過ぎない、というふうにはなりたくないと思うのは私だけであろうか。

私は、桜美林大学のような教育を主たる使命としている図書館（三到図書館と称します）は、知的なアミューズメントパークであって欲しいと願ってきた。学生が、目的が無くとも時間のあるときにはいつでも図書館の書架の間を回遊し、図書の間で時を過ごせるような場であって欲しいと願っている。

館名は、宋の朱熹の唱えた読書に大切な三つの心得、目でよく見ること（眼到）、声を出して読むこと（口到）、心を集中して読むこと（心到）、の三つからきているが、音読出来るようなコーナーがあっても良いとまで思っている。

本学の校名は、創立者夫婦が学んだアメリカのオベリン・カレッジをモデルとしているが、常に念頭にあったのはアーツ&サイエンス教育、いわゆる単線ではなく複線領域の学びを身に着けることを可能とする、リベラル・アーツ教育に力を注ぐことであった。

読書教育についても、様々な取り組みがなされた。平成元年には、国際学部発足とともに第1年次に「歴史古典講読」が必修の科目として置かれ、専任全教員が担当することになった。意図は、旧制時代のように大学の専門の学びに入る前に名著に触れて欲しかったこと、シカゴ大学の名学長であったハッチンスが提唱したグレイト・ブックス・プログラムのように学生が生涯自分の核となるような出会いを体験して欲しかったことにあった。

しかし、この取り組みは10年以上続いたが上手く行かなかった。意図とは別に、科目は全員で取り組むことになっていたので、何をテキストとして学生に読ませるかは個々の教員に任せられることとなり、クラスによってバラバラで科目名は立派であったが統一感の無い存在となってしまった。

ハッチンスの提唱は、その後アメリカでは「米国アスペン人文科学研究所」として発足され、世界中に広がりを持っている。我国でも、故小林陽太郎氏が中心となって「日本アスペン研究所」が置かれて今日でも経済人を中心とした古典に学ぶセミナーを活発に実施しておられる。

このたび、『読書のすすめ』が再刊されるに当たって、桜美林大学でも原点に立ち戻り、学生一人ひとりに古典を基にした人間教育を行うことが出来たらと考えている。

内なるダイバーシティと読書

ニチレイ相談役　浦野　光人

総人口が減少に転じた日本。少子高齢化、世帯構成の変化、ライフスタイルの多様化等々、社会経済環境の変化が日本に与える影響は甚大である。こうした中、縮小する一方の国内市場に埋没するのではなく、破壊的イノベーションを通して新しい価値を生み出し、世界に発信することが私達に求められている。誤解を恐れずに言えば、従来のように「個」が埋没した「組織の力」・「集団の力」ではなく、「個人の力」が生き生きと輝く協働こそが新しい価値を生み出す原動力となる。その文脈でダイバーシティの重要性が説かれている。国籍、人種、宗教、性別、年齢、思想、思考方法、行動様式、発想等々の豊潤な違いの組合せを梃子に行動をとることが大切である。ダイバーシティは学校、地域、企業、公共団体等々、あらゆる場所と組織で具体的に進められるべきである。加えて個人においても内なるダイバーシティが体現できれば、「個人の力」はより生き生きと輝き、世界は大きく変わっていけるのではないだろうか。

そこで、若い方々に奨めたいのは読書である。検索サイトやＳＮＳを軽視するつもりはないが、読書の効用にはそれらでは得られないものがある。時代や空間や文化を超え、あらゆる多様性に触れることができるのが読書である。価値ある現代の書物も多くあるが、学生時代にこそ古典に親しんで欲しい。古典の持つ普遍性が多くの人の心を揺さぶってきた。古典を中心とした「グレート・ブックス」に触れていくことが、学生生活をきっと実り多きものにしてくれるだろう。「グレート・ブックス」はアメリカで1930年代に、M．J．アドラーによって提唱されたものである。以来、世界の大学や図書館、出版社等が様々な「グレート・ブックス」シリーズを提案してきた。ぜひインターネットで確認して欲しい。私の学生時代には、『岩波文庫の100冊』があり、社会科学・人文科学・自然科学の各分野はもちろん文学まで含んでおり、私自身を大きく成長させてくれた。

「学生に与う」の十四「読むこと」を繙いてみる。「時間と空間を超越して、人である限り何人の胸奥にも触れうる普遍性を持つものが、あの古典である。」「真に書を読むものは、自己の問題を探し求めなくてはならない。」「こうして先人の書に接すると、書は生けるがごとくにわれわれに語ってくれる。」「グレート・ブックス」にチャレンジすることによって、必ずや腑に落ちる瞬間が訪れるであろう。

現代の学生に贈るメッセージ

―「永遠の今」を大切に―

元通産事務次官、東洋大学理事長　福川　伸次

「永遠の今」という言葉があります。皆様は、長い時間軸の中で、二度と戻ってこない「現在」という一瞬をどのように過ごすべきかを学生時代に学ばれたでしょうか。大切なことは、絶えず生起する現象を根本に立ち返って考究し、あらゆる可能性を考量し、全体最適な道を見出すことです。それが、「永遠の今」を有意義に生きる道です。

今日の日本は、揺れ動く国際情勢の中で、多くの構造問題を抱え、どのような社会を目指すべきかが問われています。人口減少と高齢化が急速に進む日本としては、ＧＤＰで測る経済力の国際比較では後退することはやむを得ないでしょう。私は、日本社会が質の高い品格のある社会を目標とすべきであると考えます。それは、人々が信頼で結ばれ、創造力が豊かで、文化性が高く、人々が輝く社会であります。日本としては、真に世界から評価される人間価値を重視する高度の社会を目指したいものです。

社会は、自己決定能力があり、海外に雄飛し、フロンティアに果敢に挑戦する若者を求めています。自ら課題を発掘し、解決していく機動力と積極性こそが日本の未来を拓く原動力となるのです。

今後、皆さんは、社会で活躍されると、様々な困難に遭遇するでしょう。そこで大切なことは、自主判断、自助努力、そして自己責任です。「志は高く、視野は広く、思索は深く、行動は着実に」という態度を保つことができれば、道は必ず拓けるはずです。換言すれば「着眼大局、着手小局」ということです。

最も慎まなければならないことは、先の見えない変革のなかにあって、社会に幻滅し、傍観することです。これこそが「永遠の今」を無駄に過ごすことにつながるのです。

皆さんが「永遠の今」を有意義に過ごし、素晴らしい未来を「創新」されることを心から期待しております。

序章

「読むこと」『学生に与う』（河合栄治郎著）より

「なる」為には多くの「する」ことを必要とするが、特に「知る」という「する」ことが必要になる。学問の所で書いたように、学問は科学でも哲学でも、学問それ自身をも対象としうるのみでなく、芸術や道徳や宗教をも対象とすることができる。それと同じように、「なる」ことについてばかりでなく、「なる」ことの諸部門の芸術や道徳についても、さらに宗教についても「知る」ことができる。「知る」ことは一つの「する」ことだから、それが当然に「なる」ことにはならないが、「する」ことは「なる」ことの重要な契機である。知ることに二つの方法がある。一つは読むことで一つは聞くことである。読まれるものは書物であるが、書物は文字で書かれるばかりではなく、画集や写真集も書物の中に含まれるが、これは読むのではなく見るのである。しかし大部分の書物は見られるのでなく読まれるのである。

読むことと聞くこととは、それぞれ長短がある。これは文字と言語との長短である。聞くことは現代に生きている人を必要とする。しかしその人に直接触れることができる、もっともラジオやレコードの場合は別である。したがって自分を動かす積極性がある。聞くばかりでなく眼で見ることができるし、さらに感官を通してその人の心に触れることができる。だから感動を受ける場合の大きさ、強さは、読む場合よりも聞く場合の方が著しい。しかし書物を読む場合には、現代の人ばかりでなく、遠く古代の人にもさかのぼることができるし、現代に生きている人でも、自国の遠方の人や外国の人にも手を広げることができる。そして聞く場合ほどに積極性がない代りに、書物の選択も自分の自由だし、いつ読んでいつ止めてもよい、何らの拘束がない。読みながらも一箇所で感興のままにいつまで停滞してもよいし、又気の向かない時は急いで読むこともできる。要するに読むことには、読む人の自己が働く部分が多く、個性と自由とを享有する余地が多い。

書物は日本語だけでよいか、外国語の書物も読んだ方がよいかと問われれば、私はできるだけ外国の本を読むことを勧めたい。近頃の翻訳には中々優れたのが出るようになったし、場合によっては翻訳ですませなければならないこともあるけれども、やはり原著を読まないと、書物の本当の味はわからない。せっかく、内的の世界を豊富に持ちながら、それぞれの国の本を本当に味わいえないのは、いかにも惜しいことではないかと思う。そこで外国語の問題になるが、学者にでもなろうとする人は、英独仏の三カ国語は当然読めなければならないが、そうでないものでも、少なくとも一カ国語は自由に読めることにしたいものである。二カ国語ができれば申し分がない。私はフランス語について大きなことをいう資格がないけれども、英語の必要はこれからも減少するとは思えないし、政治、経済、外交などの実用からいうと、英国に米国の加わった今日、英語の重要性はほかの国語とは比べものにならないと思う。学問ということになると、ドイツ語の大切なことはずっと加わる。それでもわが国では学問はドイツ語に限るように思い込んでいる人が多いが、それは少し偏見だと思う。英国にはドイツのように巧妙な教科書がないけれども、それぞれの専門の文献になると、ドイツのように体系的《システマチック》に書かれてないので、散漫のような感じを与えるだけで、創意という段になると中々素晴らしいものがある。英語の本の学問的水準は、日本でも老熟した学者になると、初めて得心が行くようである。ひどく英語の贔屓《ひいき》をするようだけれども、周囲が少しドイツ語に偏する傾きがありはしまいかと思うので、誇張しているかもしれない。それで私は少なくとも英語を入れて、そのほかにドイツ語かフランス語かを加えたい。もし独仏の内でいずれかといえば、私はドイツ語をとりたい。

外国語については読むことのほかに、話すことと書くこととがあるが、話すことは特別の人を除いては、念頭におかないでよいと思う。これは必要が起こった時に速成的にやればよいいし、平生から勉強しても、努力と効果との釣合がとれないと思う。外国語を話すことは特別の才能で、必ずしも読むことや書くこととは関係がないようである。話の上手な人は頭脳の緻密でない人が多い。話が下手だということは悲観するには及ばないことである。書くことと読むことは関係が深い、それだから読めれば書ける。そして本当に読むことを稽古するには書くのが必要なので、和文外訳ができないと、外国語の真の意味がわからないと思う。それかあるいは外国語の本を翻訳することが、言葉に通じるには非常に役に立つので、私は今まで翻訳書を出したことは一度もないけれども、学校でも卒業したての若い時に、非常によい本で割合に分量の少ないのを、翻訳しておきたかったと思う。

しかし一般の学生はただ読めば充分である、そして読むことが早くなるには、たくさん読むに限る。それには内容を一々考えなくてすむもので、いろいろの種類の言葉の出てくる本がよい。私は歴史が一番それに該当していると思う。歴史は文化史だから、そこには政治経済も文学も思想も現われてくるし、事柄が面白くてそして、哲学などのように一々首を傾けなくてすむ。歴史はそれ自身必要なばかりでなく、社会科学を勉強する人は、実験ができないから、歴史の材料に頼るほかはないのである。かたがた歴史書をたくさん読むことは、一挙両得ではないか。よく人は小説を読めというけれども、小説に出てくる言葉は日常使用するもので、大変偏しているから、私は必ずしもそれに賛成しない。歴史についでは外字新聞を読むことである。これは歴史と同じ趣意があるからくるので、私は外国にいる時は新聞を好んで読んだ。帰国してからは読みたいと思いながら、ついに実行ができずにいるが、日本ではJapan Advertiserを読めばいいと思う。記事も日本の新聞よりは統制が少しゆるやかだし、外人の観察を聞くのは為になる。

古典か新刊かというと、いうまでもなく古典を読まなくてはならない。時間と空間を超越して、人である限り何人の胸奥にも触れうる普遍性を持つものが、あの古典である。古典を読んでいると、深山の大森林でも歩いているような気がする、これはとうてい現代書《モダーン》の持ちえない味わいである。それならばこそ長い年月の生存競争に打ち勝って、命脈を維持しえたのであろう。しかし古典には普遍性があるだけに、自分という特殊との繋《つな》がりをつけるのに骨が折れることがある。古典を読もうとあせる人が、読みづらくてかえって古典に遠ざかるのはこの為である。それには、作者の伝記やよい解説書でも読んで、準備を整えてからかかるのが安全である。一冊も古典を熟読したことがないのは、あまりに寂しい。自分を作ってくれたといえるような古典を、人は一巻でも持ちたいものである。

古典はあまりに深くあまりに高いということから、我々はやはり現代の人の書物を読みたくなる。同じ時代に生きて同じ問題を扱う人の作物に接したいのである。これももとより必要でもあり有益でもある。私は昔から古典でも現代書でも読むに値すると思う人のものは、網羅的に読む癖があった。こういう場合には人がわかっているから、その人の著書が出ると、すぐ買って読めるが、一般には現代書を新聞の広告だけで読むのは——ことに買うのは——危険である。できれば手にとって検《しら》べてからにしたい。僻遠《へきえん》な地方などでそれができなければ、新刊紹介でも読んで安心してからにした方がよい。もっとも信頼に値する新刊紹介に乏しいのは遺憾であるが。

書物は買わなくては駄目だ、友人から借りたり図書館で借りたりするのは、あわただしく読書する癖をつけがちである。本の種類にもよるけれども、本を借りてすまそうとするのは、はしたない業《わざ》だと思う。ほかのものは借りてもよいが、本だけは自分のものとして坐右に置いて、いつでも手に取れるようにしたい。そして書き入れをしたり買った日付を記しておくのがいいと思う。私は日付のほかに買った場所も書くことにしているが、私の本にはニューヨーク、ボストン、シカゴ、ロンドン、オックスフォード、グラスゴー、ベルリン、ウィーン、ハイデルベルヒ、パリ、チューリッヒなどの名が見えて懐かしいし、日付を見るとその頃の自分の傾向が思い出せる。読み終わった時にも日付と場所を記入しておくが、たびたび繰り返して読んだ本には、日付が並んでいて、その時々の感想の違っているのがおもしろい。

本を買う場合には、廉価版でたくさんだ。ドイツならば Reclams Universal-Bibliothek. 英国ならば Everyman's Library. 日本ならば岩波文庫、改造文庫、春陽堂文庫、冨山房文庫、新潮文庫などであるが、少し金が自由になると、文字の大きな表装の立派な版がほしくなる。しかし私は好事家のするように、初版のものを集めたり、幾版でも版を揃《そろ》えてみたりする興味を持たない。もっとも有名な本は色々の叢書で出版され、それぞれに有名な人が序文や解説を書いているから、序文や解説を読む為に、一つの本をたくさん買うことはある。本はすぐ読む為でなくとも、いずれ読みたいと思ったら、金のなくならないうちに買っておくに限る。急に本が読みたくなって、買いに出る暇もなく億劫《おっくう》だと思う時に、買いだめておいたものを、すぐにひもとくことができる。

現代書は個々の単行本の外に叢書として出版されるのがある。ドイツの Sammlung Göschen. 英国の Home University Library. 日本の教養文庫、岩波全書、岩波新書などがそれであるが、小冊子である為にこれを見《み》くびるといけない。一体本を書くのは、大きなものはやさしいが、小さいものに圧縮するのは、かえって難しいものである。一つの文章にしても、頭のよくない時でも、ダラダラしたものは書けるが、簡潔で引き締まっているものは、かえって頭がよくて消化していないと書けないものである。それだけ小さい本で読むのはかえって難しいものなので、小冊子だからと思って読んで、わかったつもりでいるのが、実は何もわかっていないことがありがちである。

読書法について昔から多くの人が書いているが、要するに各自が自分で読んでいるうちに、自分に適合した読書法を発明すべきものなので、他人の読書法をそのままに鵜呑《うの》みにすべきではない。ただ自分の読書法のできる為に、一つの契機となるにすぎない。私の読書法はと聞かれれば、精読と速読とを分けて、古典とか価値ある現代書は、精読する。多くは机に向かって居住いを正して読む。そして読みながら考え、考えながら読む。だからなかなか時間がかかる。昔は本を早く読み終えることを自慢にしたものだが、このごろは読み方がだんだん遅くなった。多くは原稿用紙をかたわらに置いて、本の一パラグラフの要領を、一行か二行かに縮めて書き留めておく。よく本を読んで終りに近づくと、頁をパラパラしながらまだ終わらないかと催促し顔な人があるが、本というものは最後が大切なので、読み終えたら、今一度感銘を受けた個所を読み返すか、原稿用紙に書いておいた要領を読んでみて、じっと静かに思い返してみる、それで初めて読んだことが身につくのである。一度読んだらすんだと思うのはよくない。名著は生涯に幾度も繰り返してひもとくべきである。その時々に重点をおく所が違ってきたり、感銘の受け方も変わってくる。そこに進歩の跡が歴然として現われる。名著は自分の師である。師の口から漏れる言葉を聞く心持で、敬虔に耳傾けなくてはならない。そして師は一度会ったら、二度会わなくてよいものではないのである。広く読む為の本は速読する。多くは安楽椅子によりかかってか、汽車か電車の中か、あるいは床に入って寝ながら読む。ところが速読するつもりでかかった本が、往々にして居住いを正して読ませるようなのがある、その時こそ嬉《うれ》しいものである。感銘を受けた個所に、線を引いたり書き入れをするのは、誰でもやることだが、あの場合に赤い鉛筆を使うのはよくない、間もなく消えるし反対の頁に映りやすい。少し厄介だが、赤い万年筆を使うに限る。文字の下や横に線を引くよりは、端か上に引く方が、簡単でもあり読み返す時に眼によいようである。読み終わったら感想を、読書録に記入しておくと、後で読み返す時に参考になるし、自分の考え方や読み方の変化がたどられる。読書録は読書人の成長の記録である。

書物は始め五十頁くらいはなかなかピッタリしないものである。この間に本をなげうってしまうと、本は読まないことになる。そこはがまんして読み通さなくてはならない。しかし難解な本というのがある。これにも二つの種類があって、自分の予備智識が不足している為にわからないのがある。私が物理学や数学の本を読んでもなかなかわかるまいと思う。ところがそうでなくて、文章がわかり難くて、何をいっているのか、さっぱりの要領の摑《つか》めないのがある。私は少し大胆ないい方かもしれないが、この場合は著者が悪いのだと思う。よく世の中には自分にもよくはわからないことを書く人があるが、当人にもわからないことが読者にわかるはずがない。概していえば、頭の悪い人の書くのはわからないものである。本人によくこなれているることで頭のよい時に書いたものは、誰にでもわかるものである。難解な書物とか講演とかに接して、わからないのは自分が悪いのだと思い、わからないだけ深さがあるなどと、奇妙な評価をする人々があるが、謙遜のほどは羨《うらや》ましいが、その愚やとうてい及ぶべからざるものがある。難解なことを書いたりしゃべったりする人は、早く思想界から淘汰しなくてはならないと思う。

若い時に読書の趣味が身についていないと、人は一生読書する気持になれない。そして学生時代を経過した後でも、本を読み続けているかいないかで、その人の一生の運命が定まるものである。年をとっても本を読まないと、食わないと同じように、生きていられないというくらいになる人は、学生時代に書物の有難さが身に沁《し》みているからである。若い時はグングンと伸びてゆく時であるから、何を読んでも一々成長の糧《かて》になるが、だんだん自己流の判断が固まってくると、数百頁の本を読んでも、感心する個所が数個所しかなくなるので、ついつい読書に遠ざかりがちである。だから学生時代が一番読書している時なので、生涯の最高の水準がその時代にあるともいえる。その時代にうかうかと暮らしている人は、末恐ろしいと思う。

最後に繰り返していうと、読書するという「する」は「なる」が為である。漫然として読書して、あれこれと智識をかき集めても、その人は偉くもならなければ賢くもならない。真に書を読むものは、自己の問題を探し求めなくてはならない。ここに自己の問題とは、問題の内容が自己特有で他人と共有しえない問題という意味ではない。一人の人間が真に自己の問題とするものは、又あらゆる人の問題である。私のいいたいことは、自分が読んでいるのか他人が読んでいるのかわからない読み方をしないということである。しかしこうした読み方をするものは、世に決して少なくはない。次に自分が何を問題とすべきかを求めあてたものは、自己の問題に対する自己の解答を求めなくてはならない。それが為に先師の門を敲《たた》いて、教えを求める気持で、書物をひもとくのである。ここでも他人の足で立って解答をしていたのでは駄目だ。自己自らの腹に落ちた解答でなくては満足しないことである。こうして先人の書に接すると、書は生けるがごとくに我々に語ってくれる。行間に生命が躍動してくるに違いない。

真に書を読むものにとって、この世界は何と広大なものであろう。宇宙の宝庫は門を開いて、我々の入るに任せ、取るに任せている。この庫《くら》に入ってあれもこれもと胸躍らせるものに、この世は又となく楽しいものである。

第1章　読書について　読書と人生

不滅の古典との出会い

元金沢星稜大学学長　早瀬　勇

⑴本との出会いの大切さ

大学の恩師板垣與一先生は、人生で大切なこととして「本との出会い、人との出会い、そして自分との出会い」を挙げておられました。究極の出会いは自分自身との出会いなのですが、本との出会いは先哲・賢者の知恵に触れ、思考の導線となるものであり、考えながら生きる人間にとって年齢に関係なくそれ自体が大きな意味のある出会いです。とりわけ若いころの本との出会いは、その後の人生に計り知れない影響力を持つことになります。

⑵恵まれたチューター種瀬茂先生と比類なき教材『国富論』

ゼミナール制度は一橋の伝統で、2年になると前期ゼミがあり、3～4年が本ゼミになっていました。幸い前期ゼミでは、のちに学長になられる種瀬茂・助教授がアダム・スミスの『国富論』を1年間一緒に読んでくださいました。

モダンライブラリー版の『国富論』を新宿の紀伊国屋で買った時は興奮状態で、抱えたまま朝方までウトウトしていました。早速仲間と、あの有名な「神の見えざる手」がどこに出てくるか競争で探したのも楽しい思い出です。（全編にただ一か所だけ４２３頁に〝led by an invisible hand〟が見つかりました。）

アダム・スミスがグラスゴー大学教授に就任した18世紀半ばには今様の経済学はなく、道徳哲学とか商業倫理が中心でした。（彼も『国富論』を出す17年前に『道徳情操論』を著しています。）当時グラスゴーは商業の中心として発展しており、アダム・スミスは象牙の塔にこもらず商売人や製造業者と気軽に接触して経済市場のあるべき姿を頭に描いていきました。「自由放任」とか「私人の利益追求心」が社会の富を増大させる原動力であり、それを妨害する公的介入は排除して、神の手によって導かれ、「公正な観察者」によって秩序が保たれる自由な市場活動こそが富裕（〝Wealth of Nations〟）への道であることを説くようになりました。

ピンの製造を例にした「分業による協業」が資本主義の基礎理念となったことは有名ですが、『国富論』には軍事費や公共事業費の考え方など現代にも当てはまる考え方が述べられていて興味が尽きません。これこそ「不滅の古典」と呼ばれる所以です。

(3)座右の古典を見つけよう

学部卒業後、当時の外国為替専門銀行「東京銀行」に入り学問とは疎遠でしたが、銀行から派遣されたドイツ留学中に途上国開発援助をテーマに再び文献に触れる機会に恵まれました。

その時も途上国の経済開発に「民族問題」や「宗教問題」への理解が不可欠であることを痛感しました。恩師板垣與一教授の名著『アジアのナショナリズムと経済発展』（昭和37年度、日経経済図書文化賞受賞）が出版されたのはゼミを卒業した後でしたが、今も「現代の古典」として私の座右にあります。

『国富論』の御利益は、その後ＰＦＩ（民間の資本とノーハウを公共事業に活かし、公的債務を増やさない手法）を大学で講義した時や、法務省や防衛省のＰＦＩ事業者選定を仰せつかった時にも顕著に現れ、「不滅の古典」の有難さを実感しました。（了）

私の1冊「働きつつ学び研究する」活動への扉を開いた『資本論』

名古屋学院大学大学教授　十名　直喜

「あなたの1冊は何ですか」。川西重忠先生から質問されたのは、経済社会学会（2017年9月）の昼食時のことである。突然の問いかけに、思わず喉に詰まりそうになる。少し間をおき、「『資本論』といえるかもしれません」とお応えした。研究人生に踏み出す最初のきっかけを与えてくれた本であり、わが青春の匂いがそこに込められているからである。

1971年、京都大学経済学部を卒業し高炉メーカーに入社したのは。日本鉄鋼業の最盛時で、「鉄は国家なり」と称された。製鉄所に配属され、労務管理の厳しい目が光る会社の独身寮に入る。半年間にわたる新人実習中は、4直3交代勤務（4日毎に1日休みが入る朝勤・昼勤・夜勤のサイクル）で、自分の時間も比較的あった。そうしたなか、独身寮の部屋で初めて紐解いたのが、カール・マルクス『資本論』（第1〜3巻）である。10数冊の文庫本にカバーをかけて、一気に読破した。

巨大な高炉や転炉、圧延工場などの労働現場は、まさに『資本論』が描く世界そのものの如く目に映る。難解な論理も、それほど気にならない。鉄鋼生産現場の最前線に踏み込んだ衝撃の深さが、また1970年代初めという時代的雰囲気が、そうした行動に駆り立てたのかもしれない。

半年余の現場実習の後、（鉄鉱石、石炭、スクラップなど生産費の大半を占める）鉄鋼原料管理の仕事に就いた。その後、退職するまでの21年間、高炉を擁する製銑部門（技術部門）にて働き、事務・技術・技能が渾然一体となった現場でのホットな体験や知見に学びつつ産業研究を進めた。

そうした中から紡ぎ出された最初の拙稿が、十名［1973、74］「大工業理論への一考察（上・下）」である。鉄鋼生産現場の視点から、科学・技術・労働の関係を理論的に考察したもので、入社後、3年目のことであった。

大工業において、労働過程および科学技術をどのように捉えるべきか。このテーマをめぐって、当時の論壇を風靡していた芝田進午氏の所説（『科学＝技術革命の理論』や『現代の精神的労働』）に焦点をあて、『資本論』や『経済学批判要綱』に立ち返り、物質的富の生産と科学技術の間の分業、部分労働と全体労働の間の分業などの視点から捉え直した。

拙稿には、筆者の予想をはるかに超える反響があり、技術論の第一人者である中村静治氏の

『技術論論争史』で数ページにわたって紹介されるなど、多くの書評そして書評論文までいただいた。その後、百本以上の論文を刊行したが、これほどの反響を得た作品は見当たらない。生産現場の最前線で全身をかけて掴んだ視点と主張は、その拙い表現を超えて、読者のハートに届いたのであろう。

そこでの手応えが、生産現場での研究へとわが身を駆り立てていく引き金になったのである。それをきっかけに、大工業論、資源論、技術論へと働きつつ研究を進めていく。製鉄所勤務の20代半ばから30代初めにかけてのことである。ものづくり経済学さらには現代産業論への第一歩とみることができる。

「働きつつ学び研究する」という言葉は、筆者にとって万感の意味がある。「労働は生命のランプに火を注ぎ、思考はそれに火を点ずる」（ジョン・ベラーズ、『資本論』第１巻第13章）から閃いたものである。

そうした「働・学・研」融合の研究スタイルは、日本の財界リーダーであった鉄鋼業とくに大手高炉メーカーの労務管理の枠組みを踏み越えていたとみられ、厳しい処遇を余儀なくされる。そうした悩みは、研究や生き方などの悩みへと波及する。何とかギリギリで凌ぎつつ、鉄鋼産業をモデルとする実証研究を深めていく。『資本論』離れも伴いながら。

わが鉄鋼産業論の3部作（『日本型フレキシビリティの構造』法律文化社1993・4、『日本型鉄鋼システム』同文舘1996・4、『鉄鋼生産システム』同文舘1996・9）は、そうしたなかから紡ぎ出した作品をベースにしている。

その後、四半世紀を経て、『資本論』に立ち返ったのが、『ひと・まち・ものづくりの経済学』法律文化社2012・7である。『資本論』が示す人間発達論、工業と農業の「より高次な総合」論などに光をあてつつ、克服すべき論点、視点にもメスを入れる。産業研究を深めるなか、青春時の研究の出発点であり原点でもある『資本論』に立ち戻り、広義のものづくり経済学としてまとめようとしたものである。

『資本論』から離れて探求した挙句、到達したのが、わが青春に深い彩を与えた『資本論』への新たな眼差しであった。そうした思いと理論を込め、40数年にわたるわが産業研究史をふまえ、現代産業論の定番として勝負するのが、『現代産業論』水曜社2017・11である。

難しい本、やさしい本

立教大学名誉教授・経済社会学会会長　間々田　孝夫

学生時代から難しい本にはさんざん悩まされてきた。

専門課程に入るまでは哲学書や高度の文学書に取り組んだこともあったが、難しすぎて雰囲気を味わっただけだった。専門課程では社会学を学んだが、この社会学という学問がまた難しい本だらけだった。無理をして読んだが、どれだけわかっていたか、はなはだ心もとない。その後、専門のテーマを研究する立場になったが、その中でも、いやでも難しい本を読まざるを得ない場合が多かった。特に洋書は難解な文献が多く、研究に役立ったかどうかわからないようなものもあった。

このような経験を経ながら、次第に学問的な力がつき、かつて難しいと思った本もおおかた理解できるようになったが、そのあとで気がついたことは、さっぱりわからないと思った本の多くは、たいていい内容も記述方法も良くなくて、人に薦められないことが多いこと、また難しいながらも迫力を感じ、だいたいの趣旨がわかる気がした本は、多くの場合いい本だということだ。

要するに難しい本には、内容はいいが難しい本と、内容が悪いから難しい本があり、前者は難しくても何か学べるものだ、ということだ。

話変わって、今度はやさしい本について書こう。

私の見るところでは、日本はやさしい本の天国だ。数知れない数の、読みやすい新書や大学テキストが氾濫していて、しかもほとんどすべての分野において、日本語で事足りる。こんなに大学生が読みやすい本にあふれた国はないだろう。だから今の大学生は、読書をしないとは言っても、いざとなればやさしい本をいくらでも読めるし、実際ある程度は読んでいるようだ。

しかし、そこにもどうやら二通りのやさしい本がある。一つは、ひたすらやさしく読みやすいが、あとから考えると頭がごちゃごちゃして、結局何が書いてあったかわからない本で、もう一つは、やさしく読めて勉強にもなったという気がする本だ。前者はとっつきやすいが内容が散漫な本で、後者は内容がきちんとしていながら、それをわかりやすくていねいに書こうとした本である。

そうすると結局、難しい本にも、やさしい本にも二通りあって、計四通りのタイプがあることになる。その中で私が薦めるのは、当然ながら、内容はいいが難しい本とやさしいが内容がしっかりした本の二通りだ。結局、難しいかやさしいかは問題でなく、内容がいいかどうかを基準として本を選ばなければならないということだ。

では、いったそれをどう見分けるのか？　読むまではわからないので、そのような忠告は無意味だと言う人があるかもしれない。しかし、私は読み始めて一時間くらいでそれがわかるのではないかと思っている。始めから、あるいは主要な部分を一時間ほど読んで、上記の二パターンに入るかどうかを判断する。そして入らないと思った本は思い切って見限る。それが私が薦める読書の方法だ。上記二パターンに当る本は、けっして多くはないのだが…。

モンテーニュ〝如何に生くべきか〟

韓国青少年図書財団理事長　李　晟　遠

朝鮮戦争たけなわの1952年大学に入りました。開戦以来既に2年が過ぎ、全国皆廃墟です。皆、心の拠り所を失い右往左往でした。

古本屋で河合栄治郎先生の『学生に与う』に巡りあったのは丁度そのような時でした。貧窮のどん底で心の糧が与えられたのです。

精神の世界、価値の世界の存在を知らされ人格至上の人生観が形成されました。それにつれられ読み考える力、書き考える力が身についていったのです。知的生活へのツールが準備されました。松下幸之助様の御著書35冊を読みこなし、以下にご紹介する『モンテーニュ随想録』1300頁を読み得たのもひとえにそのお蔭なのです。

モンテーニュを初めて知らされたのは大学新聞でした。13人の教授のうち9人までが新入生への推薦で『モンテーニュ随想録』を推されたのです。驚きでした。モンテーニュは40歳を期に〝人生、如何に生くべきか〟の探求に入りました。先ずは人間自体を知ることが先決問題でした。〝人は皆自分のうちに凡ての人間の性状をになって居る〟。自分を徹底的に研究すれば即ち人間一般の研究に繋がるに違いない。ところが始めてみると予想に反し自分というものが容易に掴めないことが分ったのです。軽く見て始めた〝自己追求〟が次ぎから次へと泥沼へ嵌まり込み、結局死にいたるまでの20年という歳月を要したのでした。その記録が〝随想録〟となり、人間学の宝庫として人類文化史上燦たる一つの金字塔を打ち立てたのでした。

〝人生、如何に生くべきか〟。

モンテニュは随想録のおわりに次のように締めくくっております。

人生の目的は何か？　生はそれ自体が目標であり且つ目的である。(Life should be an aim unto itself, a purpose unto itself)

幸福への道は如何に？　自己の存在を存分に享楽し得る者は神の絶対的完成の域に到達せるなり。(A man who knows how to enjoy his existence as he ought has attained to an absolute perfection, like that of the Gods)

そして　末尾にこう記して長い記録の筆を置いたのでした

最も美しい生活とは、奇跡も豪奢もなく平凡で人間的な暮らしを穏やかに営むものなり。

（The finest lives are those which conform to the common and human model in an orderly way with no miracles and no extravagances）

〝自己の存在〟とは〝欲望〟と〝才能〟の意です。

モンテーニュの言葉をひっくるめて現代語に翻訳するとこういうことになるでしょう。

〝穏やかな生活の内に神のお恵みとして食欲、性欲、名誉欲を楽しみ、持って生まれた才能を精一杯花咲かせば神の如き幸福を得ん〟

注1　〝随想録〟の感想録として保苅瑞穂著『モンテーニュ』は手頃な名著です。

注2　Newsweek（2011.6.7）の大学生必読書、16冊の中にも随想録が入っています。

読書は忘れた頃に知恵となる

紀伊國屋書店代表取締役会長兼社長　高井　昌史

経営者は孤独であるなどと言われますが、会社の方向性を定めるような大きな決断も、経営者はすべての自分一人の責任において下します。迷いや葛藤のなか、導き出す答えは、やはり過去の体験によって引き出されるものでしょう。少なくとも私自身は、過去の体験、特に読書体験が、いまの私を形作っていることは疑いないようのない事実であると思っています。私が好んで読むのは主に小説ですが、登場人物の生き方・考え方に共感し、その人間性を深く追求することで、自然と自身の生き方に反映され、考え方の参考になっているように感じています。

私は、「読書は忘れた頃に知恵となる」と思っています。どんどん本を読み、次々忘れてしまってもいい。しかし、その読書体験は、たとえ小さくとも、必ず自らの血となり肉となっているはずです。

世の中に出版されている本を全て読むことは不可能ですから、まずは好きな本から手に取り、読んでいけば良いでしょう。

最近は「朝読」や「ビブリオバトル」と呼ばれる読書が一番です。読書と学力の相関関係がすでに証明されています。読書を続ければ、自然に知恵もついてくる。

本はひとりひとりの人生にも大きな影響を与えます。「あの本との出会いが、自分の人生を変えた」。その道を極めた達人や一流スポーツ選手の中にも、そのように語る人はたくさんいます。

ふらりと街の書店に足を踏み入れる。平積みにされた売れ筋の本を横目にしながら、ゆっくりと棚の間を歩く。そして、何気なく立ち止まった所で一冊の本を手に取り、ぱらぱらとページをめくる。理由もなくそれを小脇に抱え、レジに向かう－そのようにして偶然手に入れた本が、その後の人生を大きく変えるものになるかもしれないのです。

より多くの人達に本との素晴らしい出会いが訪れることを願っています。

（『本の力』より一部抜粋）

百年前の先達なら現代をどう見るだろうか

日本大学商学部教授　髙久保　豊

ゼミ卒業生の児玉健太郎君は河合栄治郎『学生に与う』を読み、自分の学生生活と照らし合わせることで「答え合わせ」をしている感覚になったという。現代を生きる私たちが、何十年もしくは百年以上も前の論考を読み、大いに励まされることが少なくない。この「答え合わせ」という感覚は、とてもよく理解できる。

ある国際学会の事務局のお手伝いを始めて早や二十年。いろいろ難しい事柄を乗り越え、有意義な経験をさせて頂いた。そのなかで偶然、新渡戸稲造の論集を読み、「百年前もそうだったのか」と感激し、発奮したことが忘れられない。

また、ある年の秋、カリキュラム改革をめぐる教員たちの議論が白熱するなかで、会議室に向かう私は護符のようにＪ・Ｓ・ミル『大学教育について』をポケットに潜ませ、帰りの電車で己が発言を省みつつ『無門関』に目を遣っていた。そのうち、まとめ役の先生から「実学の意味を深めないか」と言われ、八十を超えた実家の父からも偶々電話があり、福沢諭吉『文明論之概略』を読んでいるという。家に戻って書棚を見たら、平成元年三月に購入した丸山真男『「文明論之概略」を読む』上・中・下があった。何とこんなに面白い本だったとは。

「答え合わせ」といえば先日、内村鑑三『代表的日本人』を再び、一気に読み切った。内村が、なぜ日蓮を論じたのか。西郷を当初どう評価し、心境がその後どう変化したのか。……しかしそれ以上に私をとらえたのは、近年のビジネスモデルと社会性との関連に連なる奥深い何かであった。ほかに現在、林語堂『中国＝文化と思想』と格闘中であるが、そこで気になるのは、中国ビジネスにおける規範の多層性とのつながりである。読書には、百年前の先達に教えを乞い、現代へのヒントを求め、「そうだったのか！」と目から鱗が落ちる爽快さがある。

『対訳21世紀に生きる君たちへ』（司馬遼太郎著）

元佐世保重工業株式会社社長・会長　森島　英一

「……君たちは、いつの時代でもそうであったように、自己を確立せねばならない。――自分に厳しく、相手にはやさしく。という自己を。そして、すなおでかしこい自己を。……21世紀にあっては、科学と技術がもっと発達するだろう。科学・技術が、こう水のように人間をのみこんでしまってはならない。川の水を正しく流すように、君たちのしっかりとした自己が、科学と技術を支配し、よい方向に持っていってほしいのである。」（題記書より）

司馬遼太郎は、本書『21世紀……』を、１９８９年5月刊の『小学国語6年　下』（大阪書籍）掲載の依頼を受けて執筆した。その原稿は色鉛筆による独特の推敲がなされ、長編小説を書くほどのエネルギーを要したという。（ＮＨＫ版『１００分で名著』２０１６年3月号による）

そして私が今回取り上げますのは、和英対訳の小冊子。この、小6生に向けた平易で簡潔にして心情溢れる日本文を、同じく平易、簡潔、それでいて、司馬の気持ちを忠実に伝えるがごとく、読む人を励まし、さらなる高みをめざしめるような英文に仕上げられていると思います。

実は、私が造船所経営に従事している時、痛感したのは、企業経営の根本は人を育てる事だと言う事でした。種々の研修・育成プログラムを実施する中、本書につき、ことあるごとに若い社員（未成年の社員も多くいます）に買い与えたり、熟読（和英文とも）を督励したものです。和英対訳書なので、英語の勉強にもなる、格好の研修教材と考えていたものです。

司馬遼太郎の執筆活動の初期においては、『新撰組血風録』等があり、その後『国盗り物語』、『峠』、そして代表作『竜馬がゆく』や『坂の上の雲』と、自らを叱咤激励しながら、大作に取り組んで行った司馬遼太郎。しかも、作品の多くは、「たたかい」をモチーフとしています。

近代日本人の来し方、そして、それを愛おしくも、いくばくかの悔いの念も抱きながら、ひたすら書き続けた彼は、21世紀を生きる世代に向けて、冒頭の呼びかけをもし、又、『自然を敬い、すなおに向かい合う気持ちを持ち続けてくれ』と、『希望し、期待している』のです。こうした若者への呼びかけは、21世紀に十数歩も足を踏み入れた日本社会と世界で、未だ、多くの問題事象があるなか、まさに日本・世界の若者が本気になってこれを受け留め、実践し、元気に歩み続け、輝かしい未来を切り拓いて行ってほしいものです。

『対訳21世紀に生きる君たちへ』
司馬遼太郎著
ドナルド・キーン監訳　ロバート・ミンツァー訳

私の読書法

株式会社クラレ相談役　和久井康明

河合栄治郎編の『学生と読書』を古本屋で買って読んだのは、高校生の頃でした。戦前に刊行されたものでしたが、当時の一流の学者、作家等が多数執筆していました。今や死語になった感のある教養主義の香りに満ちていて、少年の私は、もっと良書を読まねばならないと、痛く感奮興起したことを覚えています。

もともと読書は好きでしたが、社会人になってからは、学生時代とは異なり、どうしても読書に割く時間も少なくなり、いわゆる積ん読が多くなりました。それでも三十代くらいまでは、一週間に一冊くらいのペースで読み、自分なりにそれでよいと思っていました。

ところが四十代の半ば頃になったある日、以前読んだ本を全く新しい本と思い込んで、読み始め、半分以上読んでから、前に読んだ本であることに気がつきました。要するに本の内容を理解して読んでいるとしても、記憶に残っているのは、ほんの僅かしかないことがわかり、これでは何のために読んでいるかわからないとがっかりしました。

それまでは、「読書法」などという類の本はほとんど読んだことがなかったのですが、そこで「読書法」に関する本を何冊か買い込んで、読んでみました。そしていろいろ模索した結果、現在の私は次のような「読書法」を自ら考案し、実践しています。

1. 本を読みながら、共感する部分、啓発された部分、興味深かった部分に、鉛筆でしるしをつけ、通読した後で、今度はしるしをつけた部分だけを読みながら、本当に記憶にとどめたい部分だけをノートに書き写す。
2. このノートを「抄録」と呼ぶ。年間数冊たまる。
3. 暇なときに「抄録」を読み返しながら、さらに重要で、面白いと思ったところを再度書き写す。これを「抄抄録」と呼ぶ。「抄録」数冊で「抄抄録」一冊が出来上がる。

この読書法の利点は、本の縮約、要約という考えを離れて、自分が興味深く思ったところだけを書き写すことによって、しっかりと記憶に定着させることが出来ることです。

吉田松陰はこう言っています。「書を読む者はその精力の半ばを筆記に費やすべし。書を読みて、己が感ずるところは抄録しておくべし。今年の妙は明年の愚となり、明後年の拙を覚ゆべし。是れ知識の上達する徴なり。」と。頼山陽も言っております。「喜ぶべきものに逢えば、抄出して一本となし、これを座右において、朝朗夕誦、心に会得すべし。一部省略。暗誦すれば愈々妙なり。かくのごとくにして懈らずんば、文思自然にわき出ずるものなり。」と。

いささかなりとも学生諸君の参考になれば、幸いであります。

全体主義＝ディストピアに抗して

沖縄国際大学法学部教授　芝田　秀幹

「憲法とは違って、人間は自由平等に生まれついてるわけじゃないが、結局みんな平等にさせられているんだ。…人がすくんでしまうような山はない、人の値打ちをこうと決めつける山もない。だからこそさ！　となりの家に本が一冊あれば、それは弾をこめた鉄砲があるのとおなじことなんだ。そんなものは焼き払え。弾丸を抜き取ってしまえ。」

ジョージ・オーウェルの『一九八四年』や『動物農場』と並ぶディストピア（逆ユートピア）小説の傑作『華氏４５１度』で、著者レイ・ブラッドベリは「ファイアマン」であるベイティーにこう語らせる。「ファイアマン」とは元来消火士の謂いだが、小説では「昇火士」、つまり消すのではなく点火して焼却する公務員として登場する。では、彼は何を焼き払うのか。それは華氏４５１度、摂氏だと２３３度で燃え始める「本」である。未来のアメリカでは、人に思考はもとより、疑問、懊悩、憤怒をもたらし、他方で愛情、勇気、希望を与える本そのものが当局により危険視され、焚書が励行されている。今なお本を隠し持つ一部の「無教養者」

は発見され次第逮捕され、本のみならず家屋丸ごと燃やされる。ブラッドベリはこの恐ろしいディストピア社会を描きつつ、現代文明を鋭く風刺した。

しかし、こうしたディストピアは絵空事だろうか。ハックスリーは『すばらしい新世界』でブラッドベリと同様に、エリート階級に属する人間に「下層階級の者たちに本なんか読んで国家の時間を浪費させたりはできない、またせっかく身についた条件反射的習性を不都合にも失わせるようなことを書物で読むという危険もある」とつぶやかせる。その一方で、ハックスリーは同書の裏表紙に、このディストピアは「かつて人が思ったよりもはるかに実現可能であるように思われる」と自身の展望を記している。

本を読むことは人間の知的活動の基盤であり、日本国やその文化、さらには世界文明の永続的発展を生み出す原動力である。それゆえに、彼らが描いた全体主義的ディストピア、すなわち一つのイデオロギー、価値観しか認められない社会では大衆は読書の機会を奪われる。結果、大衆は読書を通じて自ら思考することも無くなり、ために唯々他者を窺い他者に従って生き、ついには「空気」によって動くようになる。実際、『大衆の反逆』を著したオルテガは大衆を「自分は他人と同じであると感じ、そのことに苦痛ではなく喜びを見出す」ような「空気」に流される存在と看破している。

だが、人間が読書を通じて思考を開始すればその場の「空気」は乱れ、熟考を経て生まれた意見・発言はその場の「空気」を暑くする。時にどこかで囁かれる「空気を読め」（ＫＹ）という戯言も一挙に雲散霧消する。かくして、読書思考を通じて自由社会が再び息を吹き返す。ハックスリーも「おそらく、知識人や教養ある階級がユートピアを避け、より完全ではないがより自由な、非ユートピア的社会へ還るためのさまざまな手段を夢想する、そういう新しい世紀が始る」と予言している。

今日、日本国民の四七・五％が一ヶ月に一冊も本を読まないという（二〇一四年：除電子書籍）。出版業界は壊滅寸前の状態にあり、肌感覚だが大学生の読書量も低下の一途を辿っているように思える。だが、読書は自らの教養、見識を高めることが第一の目的ではあるが、それ以上に「オール〇〇」や「一億総〇〇」といった近時我が国でも再び不気味に頭を擡げつつある全体主義というディストピアに抗うための橋頭堡でもある。従って、（特に学生には）日夜体を張って政治運動をするのも大事だが、様々な本に接し、それらを冷静に読み解き、そこから熱く思考を張り巡らせることも大事である。なぜならば、国家権力は無論のこと、Ｊ・Ｓ・ミルや福田恒存が示唆したように新聞やテレビなどの社会的勢力もまた大衆を操作の対象と見かねない今日の大衆民主主義下にあって、傀儡や木偶の坊のごとく体よく扱われないように警戒し、同調圧力に抗うべく読書思考を通じて知的ナイフを静かに研ぎ澄まし、権力は認めるが権威は絶対に認めない、という「厄介者」が増えることを、官民の権力者は内心最も恐れているのだから。

危機の時代に古典を読む

駒沢大学法学部教授　清滝　仁志

現在の学生を見て同情に絶えないのは、将来に先の見えないことである。生まれてから日本は政治・経済ともに衰退し続け、今後、世界に類をみない高齢化社会になるといわれている。しかし、河合栄治郎が教師であった時代の学生はそれ以上の危機の時代に生きていた。今とは比較にならない格差社会であり、大戦勃発の不安もあった。とくに『学生に与う』が出たのは一九四〇年であった。しかし、その内容は、高ぶった悲壮感や使命感はなく、青年に対する暖かいまなざしと明るさがあった。河合が学生に説いたのは、時代の危機的状況を直視しながらも、眼前の社会の動向を超えた人格の尊厳に目を配ることであり、そのために自己修養に励むことの重要性である。社会思想史研究者としての河合はとくに古典を読むことを勧め、具体的な読書指導まで行った。

古典を読むことは多くの者が勧めることであるが、実際に読むと困難がある。やみくもに読んでも難しいばかりで、途中で投げ出してしまうことも多い。その中で河合は作家の伝記を読むことや歴史を合わせ読むことを勧めた。古典は「時間と空間を超越して、人である限り何人の胸奥にも触れうる普遍性をもつ」ものであるが、「自分という特殊とのつながりをつけるのにほねが折れること」を河合は十分承知していた。

河合の古典の読み方は、作品だけ切り離して抽象的に正義を究明するという、現在流行っているような方法でなかった。彼はそれを書いた人物に対する関心をたえずもっていた。

この方法こそ、危機の時代における古典の読み方として、若者に勧めたい。

以下は、私見であるが、プラトンが活躍したのは古代ギリシアの衰退期であったように、すぐれた古典（とくに政治思想関係）は危機の時代に多く生まれている。自明とされるルールにしたがって生きることが難しい時代に、凡人は途方に暮れるが、偉大な思想家は偉大な「心配」をして、構成に偉大な作品を残すのである。

先の見えない時代にあって、偉大な思想家でない我々は、すぐれた人間が危機にどういう物の考え方をするのかということを念頭において古典を読むことで、現在を生きる指針にすることができるのではなかろうか。

河合は、大学の演習において自分の言葉で説明することをたえず求めた。発表では原稿の朗読を許さず、平易な言葉で説明させたという。当時は、マルクス主義にかぶれた学生が文献を無批判に振り廻していたが、そういう状況は現在でも同じである。情報化が進んで、その度合いますます増えてきた感じもある。河合は古典の購読を通じて自分の頭で理解し、それを自分の言葉で説明することを求めた。そしてそのような訓練を受けた若者が社会の実務を支えることが危機の時代を克服することにつながると考えたのであった。

教養と読書

京都産業大学教授、元外務省欧亜局長　東郷　和彦

学生時代に身につけたい「教養」とはなんだろう。単なる知識でもない、就活にすぐに役に立つノウハウでもない、社会に出て即戦力になる知見でもない、もっと大きな課題、世界とは何か、自分とは何か、自分が生きている意味は何で自分はこれから何をなしたらよいのか、といった問題を、前提条件なしに徹底的に考えること、そこからでてくる限りなく広く深い視野をもって爾後の人生を行動していく力を持つこと、それが「教養」といったものではないだろうか。

私は、いくつかの出会いに恵まれ、大学に入ってから二年の間に、そういう無前提で人生を考える時間を持つことができた。大学に入って配属された、少人数の語学クラスで、世界と人生について根本的に考えようとしている友人に出会ったこと、「どこまでも、『何か?』と問い続けることが哲学です」という西洋哲学の授業で聞いた一言に、雷に打たれたようなショックを受けたこと、専門学部に入った時のクラスの担任の「とにかく古典を読みなさい」という号

令の下で、毎週読書感想文を書かされたこと、この三つの体験が、私にとって、世界と自分について無前提で考える、得難いきっかけを与えてくれた。

思い返してかけがえのない宝は、大学生活の後半から3年半をかけてコツコツと訳文でもいいから読みとおした、アリストテレスからヤスパースにいたる西洋哲学史だった。特にプラトンの『イデア論』とヤスパースの『哲学の易しい教科書』は愛読した。

大学を卒業し、外務省に入った。大学での専門科目は「国際関係論」だし、外交官試験を通るために、法律・経済・外交史などの科目を半年ほど必死に勉強した。そういう「実業」に役立つ勉強が、決して無意味だったわけではない。

けれども、外務省を退官してから丁度10年、これまでの人生を振り返ってみて、外務省での最も難しい交渉に携わっていた時に、最後に自分を支えていたのは、大学時代の前半でまなぶことができた「最後まで一切の妥協を排して問いかけろ」という哲学の問いかけと、それを身に着けるべく当時没頭した哲学書の数々だったように思う。

教養と読書はきってもきりはなせない。私たちが過ごした学生時代に比べ、今、映像という感性の世界を通じた世界理解の広場が、信じがたい重要性をもって開かれている。それはそれで、大きなプラスであるに違いない。

けれども、文字を通じて考える、文字を通じて感じ取る、精神の深さと鋭さは、何にもまして深いところでの人間力を開花させる。

現代の青少年と学生諸兄が、読書を通ずる教養を身に付けられることを願ってやまないのである。

大学生活における教養と読書

愛知淑徳大学教授　渡辺かよ子

これまで「教養」については、①一九一〇年代の大正教養主義、②一九三〇年代の教養論、③敗戦後の一般教育・一般教養に関する議論、そして④一九九〇年代以降の昨今の教養に関する諸議論があるが、今日、我々がごく普通に使用している「教養」という言葉の意味を確定したのは、②一九三〇年代の教養論であった。当時、就職難に苦しむ元気のない「事変後の学生」に向け、先輩知識人から多彩な教養論が発表された。切迫する戦時状況へ対応するため、大正教養主義への批判に基づく実践的主体的教養論、階級性や民族性、社会分化を超越した教養の在り方が説かれた。こうした一九三〇年代の教養に関する諸議論の中心となったのが、理想主義を掲げる戦闘的自由主義者河合栄治郎であり、河合が編集した『学生叢書』であった。

『学生叢書』とは一九三六年一二月から一九四一年一〇月にかけて日本評論社から出版された『学生と教養』をはじめ全12巻からなる学生向け叢書であり、各界の代表的知識人の二八八編のエッセイが掲載されている。読書については、「遠方の理想主義」から「手近の理想主義」

への移行を目指して編集された第二巻『学生と生活』（一九三七年七月）の中で恒藤恭が「読書」を執筆し、精神の糧としての読書について、自然科学や文化科学を含む科学的思惟によって訓練された批判的精神および認識能力を具有するため、学生は教科書以外の書物も自主的に多読し精読すべしとして、読み方や読書の範囲等、丁寧な助言を記している。さらに『学生叢書』第五巻として『学生と読書』（一九三八年一二月）が編集され、第一部「読書の考察」では編者河合を含む九編、第二部「読書の回顧」では阿部次郎はじめ九編のエッセイが掲載されている。

ここで特に注目すべきは、河合自らの教養における読書の意義の表明である。河合によれば、教養とは自我を構成し、耕作することであり、広い視野と豊かな情操、深い同胞への関心をもつ理想的人格に向けて成長努力することが人生の目的でなければならない。学問と道徳と芸術によって構成される理想的人格にむけた自己教育の契機となるのが読書であり、「何であるべきか」という自己の内容も「何を為すべきか」という道徳の問題も、読書によって解答が与えられ、読書の意義と価値とは学問の意義と価値であるという。

こうした一九三〇年代の教養論で表明された読書の意義は、情報化や国際化が進展する今日にあっても猶、全く色褪《あ》せることのない価値を持ち、我々の日々の行動や暮らしぶりへの反省を促し、生き方の原点に立ち返えらせてくれる。自己形成（＝教養）において読書は必須のものであり、価値ある人生を送るためには欠くべからざる要素と契機であることは間違いない。このような教養における読書の意義を踏まえ、以下、大学生活における読書について若干、体験的に論じてみたい。

受験勉強を終え大学に入学した際の私は、これで好きな読書が存分にできる、という開放感に満ち溢れていた。一九七〇年代後半を大学で過ごした「三無世代」にとっては、部活動中心に、講義はそこそこに、演習形式の独文講読や読書等、学びたいことを存分に学ぶことができた充実した大学生活であった。一方、私は大学院の三年間を米国で学んでいる。そこでは、一科目履修すれば少なくとも二〇〇ページの宿題が出され、三～四科目で合計一〇〇〇ページ。とにかく毎週毎週一〇〇〇ページの読書が要求され、その内容に関する議論に参加し、レポートも準備しなければならない。それは、外国人留学生にとっては、読書（＝reading）という言葉からイメージされる味読とは程遠いものであり、鍛練以外の何物でもなかった。鍛えられた、の一言に尽きる。こうした日本の大学と米国の大学院という二つの異なる教育文化を経験した私が思うのは、自由な楽しい幸福感に満たされた読書も、有無をも言わせぬ強制的な鍛練主義的な読書も、両方とも人生のある時期には必要なのではないかということである。自己形成としての教養、教養のための読書は、意図的になされる場合もあれば、無意図的な偶発的結果として生じる場合もあると思われるのである。

読書については、読書の内容そのものに加えて、読書にまつわる先生方の姿から学ぶことが多かった。停留所でバスを待っておられる間に寸暇を惜しんでマーカーを手にされ読書なさる先生の姿、教室に多数の付箋のついた数十冊の原書をお持ちになり学生の質問に合わせて縦横無尽に議論を組み立て講義してくださった先生、研究室を訪ねるといつも芯を長く削った鉛筆で丁寧に線やコメントを書き込みながら正確精密に本を読んでおられた先生、膨大な蔵書と共にどんな話題にでも通じておられ豊かな知の世界を体現しておられる先生、等である。五〇代後半を迎えた私もこうした先生方が示してくださったような範を学生さんに示すことができているのであろうか。慙愧《ざんき》に堪えないこの頃である。

本屋へ行こう

早稲田大学本庄高等学院　佐々木幹雄

私の勤務する学校（私立大学の付属高校）では、大学入試がないこともあって、学部で学ぶ心構えを持たせるために、進学に当たっては卒論を課している。知的な疑問を設定し、その疑問を様々な角度から合理的に説明する方法を学ぶのである。最近では、卒業研究、自主研究などの名称で同様な課題を課す学校も増えているが、開校した三〇数年前は「高校での卒論」として大変珍しがられた。

二年の秋にテーマと指導する教員が決まり、そこから一年余にわたる生徒の「研究」が始まる。この間、数回にわたって、指導教員は生徒と面談し、研究の進め方、資料の収集、調査の方法などの指導をおこなう。進み具合にあわせて、一般教養書から専門書さらには研究雑誌に至るまで諸文献を提示してゆく。ここで問題なのは教員が薦めた文献を生徒はどのような方法で入手しているのかである。私は大きな本屋へ行って、本を見て購入しなさい、と常に言っているが、多くの生徒は本屋には行かず、ネットで購入しているのが実情である。

これだけネット情報が溢れる社会にあって、それを利用しない手はない、すぐに手元に届くことは極めて便利である。たしかにそれはそうであるが、やはり、広く知識を集める必要がある場合には大きな本屋へ行って欲しい。大きな本屋は新書、文庫、叢書、単行本など出版社ごとの陳列の他に、テーマごとにコーナーを設けて、関連する各種図書を揃えてくれている。そこには生徒たちの必要とする本がいくつも列んでいるのである。ネットでも関連する本はいくらでも確認できると思うかもしれないが、ネットだと本の中身が確認できない。せいぜい確認できても目次ぐらいである。ところが、本屋では、実物を手にとってペラペラめくり、前書き、目次はもとより関心のある箇所をしばらく「立ち読み」して（最近では椅子を用意している本屋も多い）、ネットでは得ることの出来ない本の中身を確実に知ることが出来るのである。しかもその本の隣には気になる本がならんでいる。これが本屋へ行って本を買う醍醐味である。便利なネットを否定するつもりはないが、是非、本屋へ行ってその中身を見て購入してほしい。

読書有三到

桜美林大学グローバル・コミュニケーション学群専任講師　及川　淳子

母校の桜美林大学図書館は、「三到図書館」と名付けられている。「三到」という言葉は、もともと中国の古典から引用された言葉だ。朱子学の開祖である朱熹が唱えた読書法「読書有三到（読書に三到あり）」は、「眼到」（目で読む）、「口到」（口で、声に出して読む）、「心到」（心で読む）という格言で、「到」は最後まで徹底的にやり抜いて目的を達成するという意味がある。「三到」を重視した桜美林学園創設者の清水安三先生が、「三到図書館」と名付けたそうだ。

「三到」のすべてが大切だが、とりわけ「心到」が最も重要なことは言うまでもないだろう。いつの頃からか、私自身の「心到」の読書方法として、翻訳という作業を意識するようになった。中国語の原文を日本語に翻訳し、自分自身の言葉にした上で、それを目で読み、声に出して読んで確認することで、著者の言葉を理解し、味わい、心に刻むことができるように感じている。

数年来取り組んでいるのは、中国の劉暁波という作家の翻訳だ。現代中国の知識人に関する評論活動から1989年の天安門事件に深く関わった人物で、近年はその言論活動が中国政府から国家政権転覆扇動罪として断罪され、懲役11年の重刑で現在も服役中だ。2010年のノーベル平和賞受賞者としても知られているが、私にとっては、穏やかな笑顔と独特の口調で語る姿が懐かしい、尊敬する先生として身近な存在だ。

劉暁波が獄中で執筆し、出席することが叶わなかったノーベル平和賞の受賞式で代読を依頼したスピーチ「私には敵はいない――私の最終陳述」は、彼の思想と行動を代表する名文である。彼の家族や支援者から原文を提供された時に、何としてでも日本語に翻訳して出版しなければという強い衝動と使命感のようなものに突き動かされた。劉暁波夫妻の境遇を案じながら、翻訳紹介という自分に出来ることで、ささやかだが、支援の気持ちを表したいという想いもあった。

劉暁波の「私には敵はいない」には、複数の訳者による翻訳があるが、2011年に岩波書店から共訳出版した『最後の審判を生き延びて――劉暁波文集』には、拙訳が収録されている。以下は、その一節である。

未来の自由な中国が訪れることに対して、私は楽観的な期待に満ちているが、それはどのような力であっても自由に憧れる人間の欲求を阻止することはできないからであり、中国は最終的には人権を至上のものとする法治国家に変わるだろう。私はそのような進歩が、この事件の審理においても体現されることを期待し、合議制法廷が公正な裁決――歴史の検証に耐え得る裁決を下すことを期待している。

表現の自由は人権の基本であり、人間性の根本であり、真理の母である。言論の自由を封殺することは、人権を踏みにじり、人間性を窒息させ、真理を抑圧することである。憲法が付与する言論の自由という権利を実践するためには、当然のことながら中国の公民としての社会的責任を尽くさなければならない。私のあらゆる行為は罪に問われるものではないが、たとえそのために告発されようとも恨み言はない。

拙訳は、果たして「心到」になっているだろうか。現代中国の社会について、特に、知識人と言論空間を研究する者のひとりとして、今後も、真摯な翻訳作業という自分なりの読書を通じて、日本と中国の橋渡しをしていきたいと考えている。

理論的著作を読む意義と方法

―「美しき緻密さ」との出会い―

宇都宮大学准教授　佐々木英和

理論的思考は、洗練されれば洗練されるほど、自ずと明晰なものとなる。つまり、物事を筋立てて考え、それを表現の次元にまで高めようとするプロセスが煮詰まってくれば、論理の筋道が明確なものとして浮き彫りになってくるので、その理論は、多くの人にとってもわかりやすい、はっきりしたものと化してくるのである。そのおかげで、それに触れる読み手の頭の中が整理されてスッキリし、時に爽快感さえ覚えることがある。さらには、モノの見方や感じ方が変わって、自分が少しばかり成長した気になれるような経験を味わえる読者も出てくるだろう。

実際、練りに練られた理論とは、平明な言葉の組み合わせで成り立っており、本質的に簡単明瞭な思考が集められてきて、適切な順序に配列されることにより構築されている。だから、一見して複雑で難解に見える取っつきにくそうな本であっても、わかる人にだけわかればよいという傲慢さにあぐらをかいた書き手による中途半端な作品でない限り、基本的には誰もが理解できるように配慮されているはずである。

むろん、字面を表面的になぞるように読むだけでは、理論的思考の神髄に触れることはできない。だから、頭だけでなく心もフルに用いて、腰を据えて一文一文を丁寧に読み解いていかざるをえない。また、一回読むだけでは決して十分ではなく、二回、三回と読み直さなければ、その内容を把握できたという手応えを感じられない書物も多い。さらに、一人で挑むには敷居が高すぎて、たとえば大学教員などの知的営みについての諸先輩から助言をもらったり、仲間を募って読書会を開催して意見を交換したりすることが効率的な場面もある。いずれにしても、優れた理論とは、その全体像が何となくでも見えてこなければ、部分部分の位置づけや個別箇所の意味づけを十分には理解できないものである。

本格的な理論構築を志向した書物を読み込もうとする営みは、霧に包まれた得体の知れない山に立ち入っていくことに喩えられよう。それは、いつか山道から外れて迷ってしまうかもしれないといった緊張感を保ちつつ、霧深い道を何回も上り下りするようなものだ。そのうち徐々にでも霧が晴れてくれれば、麓から山の全体像を見上げながら確認できるし、山頂からは周囲を遠くまで見渡せるだろう。また、その山を離れてしばらく経てから、山道の途上の風景を事細かく思い出せることもあろう。

私の大学生の頃について言えば、真木悠介『人間解放の理論のために』（筑摩書房、一九七一年）が、広がりと深みとの双方を十二分に備えた理論に思えた。目配りの利いたバランス感覚に優れた思考手順をなぞるようにして何回も読み返したことが、論理的に考えるための効果的な鍛錬になった。中でも特に、「未来構想の理論」や「人間的欲求の理論」は極めて緻密かつ示唆的で、私の研究成果に顕著に反映している。

ただし、残念なことに、この本はすでに絶版になってしまっていて、学生さんが手に取る機会が非常に少ない。しかも、「真木悠介」とは超有名社会学者の見田宗介氏のペンネームだが、二〇一一年から二〇一三年にかけて出版された『定本　見田宗介著作集』や『定本　真木悠介著作集』の中にも、これは再録されていない。真木悠介氏の若き頃の力作は、御本人の意向はさておき、知る人ぞ知る幻の名著と化している。

なるほど、この本について、生硬で読みにくいという印象を持つ人がいることを伝え聞いている。だが、私は、この著作に対して「美しいまでに緻密である」という評価を与えている。さらに言えば、「緻密であることは美しい」という美意識を心に秘めながら学術論文を書きたいと私が常々願っているのは、この『人間解放の理論のために』の影響が大なのである。

「読書、メンターそして大志を抱く」

非営利株式会社ビッグ・エスインターナショナル代表取締役　大坂　靖彦

「少年よ、大志を抱け」というクラーク博士の言葉を聞いたことのある人は多いのではないだろうか？

「君の人生は、君の思い描いた通りになる。」

学生時代にポール・J・マイヤーのこの言葉を初めて聞いた私は、打ちのめされるほどの大変な衝撃を受けた。

「僕は将来、どんな人生を歩むのだろうか？」大きな不安と希望が交錯する日々。

「もっと多くのことを知りたい、もっと学びたい。」

「どうすれば素晴らしい人生を送れるのだろうか？大志を抱けば未来は本当に開けていくのだろうか？」

小学生時代から、偉人たちの名言、伝記にのめりこんだ。

成功や失敗にはパターンがあること、自分のありたい姿を強烈にイメージし、熱き志と燃えるような思いをもって実行することの大切さ、そして「何事も極めること」が重要だと学んだ。

やがて興味の対象は名作へ、そして更にジャンルを広げた。

読書を通して、古今東西の歴史に残る人々の偉大な生きざま、森羅万象の不思議が私に問いかける。

世界中のアスリート、アーティスト、研究者、ビジネスマン、それぞれの生涯をかけた闘いの様が、格闘技のように私に襲い掛かる。

自分が未熟であると痛感し、未熟であるからこそ、水を吸い込む砂のように吸収した。

そして私自身の人生戦略の構築に徐々にシフトしていく。

自分は何をしようとしているのか。

生涯をかけて追い求める夢は何なのか。

自らの志を明確にし、壮大なグランドデザイン（全体構想）として描いた。

そしてそれを実現するために、むさぼるように情報を集めスクラップし、読書を通じて考え方を学び、無我夢中で成功への工程表を作成し、実行した。

家業である田舎の電器屋にはなりたくない。

郷里の四国を脱出して、憧れの東京の大学へ行き、語学を学んで留学、就職したら海外駐在員、そしてゆくゆくは社長になる。子供の頃にアメリカ映画で見た庭つきの大きな家に憧れた。

「必ず成功するぞ。」と日々念仏のように唱えた。

幸せを掴んで海外に住むんだ、と誓いを立て、強烈な思いで自らの人生設計を紙に書きなぐった。

描いた壮大な夢に対して、日本での現実の生活、そして自分の実力のなさ。そのギャップを埋めるにはどうしたらいいのか。そのために4段階の方法を考えた。
1．志を高く大きく持つ。
2．なりたい姿になるための工程表を描く。
3．そこに行き着くための情報収集。
4．自分の実力とのギャップを埋めるために本を読み、考察を重ね、戦略を練る。
苦しみ、もがきながらもトライアルを続けていく中で、次第に少しずつ未来が見えてきた。

未来を強く思い描き、夢を実現する生き方は、小さな成功体験を重ねて確信となり、死ぬまでの壮大な一生が、巨大なスクリーンに映し出されたパノラマを見るように見え始めた。

名著「武士道」の作者としても知られる新渡戸稲造氏は、人生を織物にたとえ「志は経糸（たていと）、日々の実行は緯糸（よこいと）」と表現した。

経糸と緯糸が交わることで織物ができるように、どのような人生を送りたいかといった方針や人生設計を立てるだけでは十分ではなく、自らの人生設計に沿った不断の努力によって実行を続けることで初めて実り多き人生を送ることができる。たとえ一本ずつの糸であっても、継続して経糸と緯糸を紡ぐことで、やがては立派な美しい模様の織物ができあがる。

「これは越えられない。」打ちのめされるような試練もあった。そんな時は神様からのテストと捉えた。

「これほどの試練を与えるとは、よほど大きな成功の可能性があるに違いない。」と考えを切り替え、道を切り拓いた。節（ふし）があるからこそ竹は強くなる。

壁を一つ乗り越えるたびに、夢が途方もなく広がっていった。

私は記憶力が弱い。

その弱点も、強みに変えた。覚えられないから、ひたすら情報を集めスクラップし、まとめ上げた。

つなぎ合わせて分析し、シミュレーションをしていくと、様々なテーマのこれからの兆しに気づき始め、３～５年後の世界が少しずつ見えてくるようになる。

「自分は弱者」と知り抜いているからこそ、何千人もの強者の情報を、躊躇することなく自分の中に取り込んだ。さらに何人ものメンターが私を導いてくれた。

それにより、自分の持っている力の何倍もの結果を生み出すことができた。

現代はスマホを触れれば、溢れんばかりの情報を入手できる時代。

しかし、情報は見聞きするだけではただの「点」。その情報を取捨し、最大限活かしながら成功に繋げていくためには、「点」を繋ぎ、シミュレートするための「考え方」が不可欠になる。

自分の殻を打ち破り、成功に至るための「考え方」を広げ、深めるためには、良き師（メンター）との出会い、そして何より読書によって学ぶことができる。「点」である情報は、読書による「考え方」で繋いでいける。

満天の夜空に散らばる無数の「星」も、繋げることで「星座」になる。

苦しみ抜いて、本当に求めた者だけに、必要な情報は降りてくる。

子供の頃に偉人の伝記を読み、次の伝記の主人公は私自身だと心に誓った。私にこれまで思い描いた通りの人生を歩ませてくれたのは、良き本との出会いがあったからだ。

大学に進み、夢を抱いて留学試験にチャレンジするが不合格。ドイツ語スピーチコンテストも第二位。やはり実力不足。

やむを得ず海外24か国、ヒッチハイクで無線旅行、北極圏を目指した。

それが幸いして入社半年で海外駐在員にもなった。

10年後、能力、体力の限界を感じ、自信喪失して郷里へ。

突然「11－7＝4」さえ計算できず、脳障害と判明。娘の名前さえも遺言状に書けない状態。もはやこれまでかと思ったが、脳を切開し九死に一生を得た。

あれほど嫌だった家業の家電店を継いで、年商7、000万円の会社を339億円にまで成長させた。

社員数は3名から800名を超えた。

あっという間に人生の最終章。若い頃の夢が次々と実現した。
・ドイツ留学基金の設立
・日本とドイツでのスピーチコンテストの開催
・ドイツ国際平和村およびザイン城の支援活動
・日本とドイツの若者の会への支援活動
・留学生のホームステイ支援活動
・中小企業経営塾を主宰（大坂塾・塾生６００社）
・人生戦略および経営戦略に関する講演活動（日本・ドイツ）
・夢・志プロジェクトの日本・ドイツでの展開
・アメリカに子供と共同で夢の邸宅を購入
２０３３年４月４日に没、と死ぬ日を決めた。君はいつ死ぬのか？

君たちはどんな偉大な功績を築いた経営者も今はすでに持っていない若さ、すなわち長期にわたる可能性を持っている。

失敗してもリベンジすればいい。

君たちの人生はこれからだ。

半世紀以上に渡る壮大なドラマが君たちを待っている。

「急がず、休まず（Ohne Hast, ohne Rast）」ドイツの偉人ゲーテの言葉を君たちに贈ろう。成功への近道を見つけようと焦る必要はないが、どんな困難があっても決してあきらめず、立ち止まることなく自ら描いた目標に向かって邁進して欲しい。

自らの人生の偉大なシナリオライターとしての考え方を学ぶために、ぜひ多くの本に触れて欲しい。熱き志を持ち、実行していく覚悟を持った君たちに、本は折々で必ず考え方やヒントを与えてくれるだろう。

たくさんの情報に触れ、正しい考え方を身につけて、唯一無二である自らの輝かしい人生のストーリーを描きあげて欲しい。

第2章　私の愛読書

一冊の書 司馬遼太郎『菜の花の沖』

「高田屋嘉兵衛」熱き男のロマン（Dreams come true）

オーケー化成社長　花谷　修

多くの司馬遼太郎作品との出会いで学び知見を得る『菜の花の沖』

私は30歳で事業を起こしまして、２０１７年2月で50年目を迎えますが、その間いつも商売の厳しいときや人生の苦しい局面で司馬さんの作品を片手に勇気や活力をいただいて参りました。「困ったとき、苦しいときの司馬遼太郎」とよく言ったものです。司馬作品ではいつも国家観、組織のあり方、個人の生き様が克明に描かれ、その思いから「日本人よ大器たれ」と願望されています。

さて、この度は司馬さんがこよなく愛した人物の一人で、私も敬愛する江戸後期が生んだ最大の快男児『菜の花の沖』の主人公、高田屋嘉兵衛さんについていろいろな角度から司馬遼太郎先生の生の言葉をお借りして素直に感想を語ってみたいと思います。この方は淡路島都志村の出身、元来は漁師で舟乗りから身を起こし、漁猟、操船の技術を学ぶ傍ら商人として函館の街を興します。また、定点観測、気象学、航海法、貿易実務なども知悉し多くの新航路の発見と開発をしました。青森県竜飛岬、福島町をはじめ択捉、国後そして樺太への航路や安全漁場の開発が主たる功績で、当時北海道蝦夷で先住民族の人々と関わり北方開拓者として活躍します。後に事件に巻き込まれロシアの捕虜となりますが、この間に難解なロシア語を習得し、その外交交渉では正義感のある嘉兵衛さんの思想と持ち前の豪胆さで両国の和解を成し遂げました。晩年、故郷淡路島で郷土のために力を尽くし、多くの敬愛と多様性の双方を兼ね備えた第一級の日本人と評される高田屋嘉兵衛は、今日の新グローバル時代でも世界に通用する偉大なビジネスパーソンと言っても過言ではないでしょう。

司馬さんの恋愛観について

『菜の花の沖』という作品は先で述べたとおり高田屋嘉兵衛の様々な偉業からサクセスストーリーとして読み進めていくのが一般的だと思います。しかし、幾度も再読していると、この作品の中には熱い男、高田屋嘉兵衛の人間愛が、愛妻おふさの魅力を時代の女性像と重ねて上手く演出し描かれていることに気づかされます。

司馬作品では、登場する女性達がとても魅力的で、特に男女の機微については絶妙に描写されています。この「菜の花の沖」の中でも愛妻おふさが物語にうるおいを与え、男性読者としては全体を通して何とも言えない心惹かれる思いになります。

恐らく二人の馴れ初めは遠くから眺めている景色が多く、淡くほのかなものです。身分が違う者同士の恋愛が困難であったこの時代に、漁師であった嘉兵衛は少年期から淡路島都志の網元の次女である深窓の令嬢おふさに変わらぬ情念を抱き続けていました。一方、おふさはある時ひたむきで純心なその愛情に気づき、その心に灯をともします。それ程までに自分を愛おしく思い続ける嘉兵衛の男の勇気と魅力、大きく物を捉えるその目とその行動力にほだされ、最後は決意し、二人して島抜け、村八分となります。これを機に二人の慎ましい生活が始まるわけですが、常に嘉兵衛の原動力と心休めの場所にはおふさの存在があり、これこそが数々の偉業を成し遂げた嘉兵衛の源泉、また、おふさに対する誓い、愛情の根源になっていたと思います。

この辺りの司馬さんの表現は実に見事な描写です。地質学や考古学などを駆使し、史実に誠実で丁寧に描きながら、厳しい歴史小説の中に一つのうるおい、華として女性を登用されるところに司馬遼太郎さんの魅力を感じます。やはり司馬さんは多くの人々の共感を十分勘案した作家であり、決して恋愛小説のようには表現しないのですが、嘉兵衛のような言葉が無くても身振り手振りで分かり合えるような人間への愛情、女性への愛情の描写は、今の自由な時代に生きている私ども読者から見るとかえって魅力的なものと感じます。後に『韃靼疾風録』を読ませていただきましたが、大変おもしろく内容のある恋愛ものでありました。

現代に置きかえ学ぶこと

嘉兵衛は愛妻おふさとの新たな旅立ちを機に、おふさを幸せにしたいという一心で万難を排して生活していくことを決意します。そこから史実に残る幾つもの偉業を成し遂げ、豪商として財をなしていくのですが、ここには、私ども経営者が学ぶべき多くのヒントが示されていると思います。元来、漁師の生活は毎日が挑戦の連続で、現代で言い換えればベンチャーの精神です。嘉兵衛は漁労、航海で必要となる定点観測や気象学などの技術に収斂し、リーダーとして重要な人格と見識、不屈の魂を養っています。それらは商売をする上で至要たる能力であり、常に新しい製品を開発することや顧客ニーズの創出は、事業の発展、継続のために常時挑戦していかなければならない課題です。時代は企業にも個人にも等しく厳しい試練を与えますが、これらに果敢に挑戦する勇気ある強い意志が一隅を照らす唯一の術であると考えております。

海洋都市函館の事業では、その未来を担う人材育成の一助に努め、街は大いに活況を呈し、まだほとんど未開発だった函館を北海道屈指の大都市に成長させました。やはり人材こそが真の財産であり企業の要であります。現地に根ざす事業を構築し、大海原に帆を広げ進みゆくには、人財育成が不可欠です。当社でも、日々の業務を通じて製販一体となり課題を解決する体制を整えていますが、世界で通用する人財育成の観点から、それぞれに必要な資格取得の支援制度の確立や若い世代を中心とした海外事業所との交換研修に活発に取り組んでいるところです。

また、北方開拓では嘉兵衛の卓越した人間愛と何の衒いもない自然体の待遇で先住民族と信頼関係を築いていきました。そこで培った地域における情報収集力とその外交手腕は幕府を魅了し、北方開拓には欠かせない存在となっていきます。

現代でも一番難しいのは人間の織り成す葛藤であり、人間同士、歴史、伝統文化の交わりをどう円滑に進めていくかということです。これは企業が成功を目指し推し進めていく中で重要な要素の一つで、この点をしっかりと見据えながら愛社精神を育み、地域社会に貢献し成長していくことが、グローバル企業の要諦であると思います。

結びにかえて

私から見ても人生というのは仕事も生活も厳しいものですが、その厳しさの中から自分の愉しさ、うるおいを得ることが重要と考えています。それはなにか。それは、身近なところで言えば食事、睡眠、入浴など衣食住であり、大きくみれば友情、家族、人間愛になり、それが司馬さんの作品にはかならずエンターテイメントとして表現されているところに感銘を受けます。

さいごに、司馬さんと嘉兵衛さんがともに愛した美しい菜の花の情景を心に浮かべ、大好きな「おぼろ月夜」を歌いながら、お二人を偲ばせていただきたいと思います。

「菜の花畠に　入り日薄れ　見わたす山の端　霞ふかし　春風そよふく　空を見れば
夕月かかりて　にほひ淡し」

私の愛読書

元駐中国・インド大使　谷野　作太郎

「あなたの愛読書は?」と問われても、生来、読書好きの私ではありますが、書物のあさり方、読み方は的、分野をしぼらない乱読型、従って、対象分野も、政治、経済、歴史、文学…そしてある時は素人向けの自然科学の解説書を手にしたり、とその結果いずれも中途半端。しかし、折角のおたずね故、ここでは、この分野であれば、と勝手に自負している日中外交史に関するものの中から、二つの書物（いずれも2回読みました）をご紹介したいと思います。

その第一は「外交官の一生」（石射猪太郎著、中央文庫）、石射猪太郎氏は戦前の外交官で、この本は、数ある外交官の回想録の中でも、傑作と大変評価が高いものです。

石射氏は、吉林総領事（この時、満州事変勃発）、上海総領事を経て本省の東亜局長、今日的に言えばアジア・大洋州局長）に就任、日中関係の局面打開に尽力、38年、時の宇垣外相に提出された意見書「今後ノ事変対策ニ付テノ考案」は宇垣外相の日中和平構想の下敷きになりました。（但し、その後宇垣外相の辞任もあって生かされず）

その後、廣田弘毅外相当時、例の盧溝橋事件（１９３７年）が起こりこれに乗じて陸軍が進めんとする派兵案（５相会議で承認）について閣議で何の議論のないまゝ、廣田外相も賛成したということを聞き及び、上村（伸一）東亜局第一課長と共に廣田外相のところへ赴き、「あれだけ申し上げたじゃないですか！それなのに！」と二人で辞表をたゝきつけた（結局受理されず）とか、この辺のところも本書で活写されています。

戦後、外務省で、同じ役職（アジア局長）をいただいた者として「昔は、肝のすわった骨太の先輩が居たんだなぁ」との感を深くしたものです。

日中戦争が進む中、国威発揚、暴支膺懲と国論を煽り立てる当時の日本のメディアのことも紹介されています。数年前、尖閣の件で日本のメディアが反中一色に染め上がった時、ちょう度この「外交官の一生」を読んだ外務省の某先輩が、メディアの世界もふくめて「今の日本は、昔とちっとも変わっていないねぇ！」とつぶやいたものでした。

昨今、「官邸一強」の下に、多くの幹部方々がこれにひれ伏した感のある霞ヶ関の役所の方たちには是非読んでいただきたい本です。

もうひとつの方は、「上海時代」（上中下、松本重治著、中公新書）。松本重治氏は、戦前、欧米留学を終え帰国後、新渡戸稲造、高木八尺、臘山政道といった当時の日本のトップクラスの知識人と交流を深める中、乞われて「新聞聯合社」（後の同盟通信社）の上海支局長の任に就き活躍、戦後はしばしば駐米大使の職をオファーされるも断り続け、その後、旧知のジョン・ロックファラー氏の支援を得て六本木に国際的知的交流の場として国際文化会館（宿泊施設を付設）を立ち上げた方です。

松本氏は、例の西安事件（１９３６年、抗日を主張する張学良による蒋介石監禁事件）を他社に先がけて世界に発信したことでも国際ジャーナリストとして名をあげた方で、「上海時代」にもその辺のことは詳しく述べられています。同書には、当時、中国を舞台にした日本の軍部と外交官たちの攻防の状況（結局は、外交官たちが押し切られてゆくのですが）がこと細かに記載されていますが、文民しての松本氏の筆致は自然、そうした軍部に対し大変厳しいものとなっています。また、松本氏のお仕事は、こうしたジャーナリストとしての域にとどまらず、日中和平運動工作にも深くかかわったものでした。

昨今の日本の若い人たちの多くは、日本がかつて中国と戦火を交えたことも知らない（いや、はなはだしきは、パールハーバー、日米戦争のことも！）、私は、中国、とくに上海に赴任する日本の若い方たちに、この「上海時代」は必読の書ですよ、と勧めています。そして、「社会の木鐸」というジャーナリズムの本旨を忘れたかにみえる昨今の日本のジャーナリズム界の一部風潮もある中で、日本のジャーナリストの方たちにも読んでいただきたい一書です。

トーマス・マンの『ブッデンブローク家の人々』を読む

サンデン㈱　元オーストラリア社長　高橋　忠夫

初めてトーマス・マンの名前に接したのは、高校時代に北杜夫の『どくとるマンボウ航海記』を読んだときだった。その後、『楡家の人びと』のテレビドラマを見て、これがトーマス・マンの作品をベースにしたもので、大いに影響を受けたのが『ブッデンブローク家の人々』と知ったのだった。

その後、30年以上も経った55歳（２００５年）の時、『ブッデンブローク家の人々』（川村二郎訳）を読んだが、あまりの面白さのため引き込まれて，一気に読んでしまった。それならドイツ語で読んでみようと思い、日本橋丸善で原書とドイツ語で朗読したＣＤ二十二枚セットを買った。

当時、シドニーで駐在員をしていたのだが、市民大学講座でドイツ語を学ぶ機会があった。先生はドイツ人の元画家兼翻訳家でトーマス・マンが大好きな人だった。最初は会話も心もとないものであったがトーマス・マンのことを議論するにつれて、会話も内容も充実していった。

残念なことに２００９年に帰国し、彼のクラスには参加できなくなったが、今はSkypeで週一回位お喋りを楽しんでいる。

現在、私は68歳になったが、トーマス・マンの魅力に惹かれて彼の著作を全てドイツ語で読んでみようという無謀な計画を持っている。寿命が尽きる前に全て読みたいので、なるべく毎日読んでいるが、そのために3時起床して2時間はドイツ語を読むようにしている。現在までに3分の1は読んだろうか。

とは言いつつ、友人たちとの飲み会の誘惑に負けるとどうしても翌日は厳しいが、たまの気晴らしは『良し』としている。

トーマス・マンの文章は重層的で難解と言われているが、耳から聞く非常に音楽的な感じがする。また、『言葉の魔術師』と言われたトーマス・マンは4世代に渡る、北ドイツの商家のファミリーヒストリーである『ブッデンブローク家の人々』の中でドイツ各地の方言や階層による異なって使用する言葉などを縦横無尽に使用し、これによって登場人物の印象と人物像をくっきりと浮かびあがらせることに成功している。日本語で読むと本来の意味やニュアンスや味わいがドイツ語に比べると薄れてしまうのは仕方がないが、まずは日本語で読んで十分に味わってから、ドイツ語に挑戦することをお勧めしたい。その際にＣＤやＤＶＤも使い、耳、眼、そして全身で味わって欲しい。きっと人生にとって、豊穣な何かを得ることが出来ると確信している。

現在の私が、自らを振り返り、もし時が巻き戻らせるならば、50年前の私に『ブッデンブローク家の人々』を読むことを是非勧めたい。

賀川豊彦『死線を越えて』が語る人類愛

日本生命会長　岡本　圀衞

私は長年、読書をしたり、その感想をノートに書き記すことにしている。平成十九年五月二十一日(月)の項には、こう書いてあった。「賀川豊彦…死線を越えて…徳島に旅行した時、ドイツ村に行ったが、そのついでに隣接する賀川豊彦記念館に何気なく入った。飾られている説明書を読んでいくと、大した人だな、と思ったので、受付で買い求めたのが本作品。読み進むにつれて描かれる賀川の生き様は、衝撃の一言に尽きる。何という逆境、何という意志、何という行動、何という友愛…。神戸新川での生活はすさまじい。こんな良書には、めったにお目にかかれるものではない。人は何のためにこの世に生を受けたのか…。単に無為な生活を惰性の中で過ごすためではあるまい。反省だ。反省しなければならぬ。…」

読後、あまりにも感動に、私は、何人かの友人に「死線を越えて」を推薦したが人は皆同様で、自分の生き方を見直している、という。その流れで、たまたま、阿波銀行のトップの方に話をしたら、何と、その銀行が、阿波の偉人伝として「賀川豊彦」という立派な本を刊行していた。その夜の会合は、当然のことながら、賀川の素晴らしさを語り明かすことになった。

読書を生涯の糧とし、それを行動に移す、という私の基本的な考えは、正に河合栄治郎の「学生に与う」と、本書「死線を越えて」から学んだものである。最底辺に生活する人々の間に、危険を顧みず身をおき、兄弟愛の精神で支え合うという相愛互助の理念…。労働争議、農民運動、協同組合の創設、そして、関東大震災での救済活動等、およそ運動と名の付くもののほとんどに深くかかわった賀川豊彦。企業経営者としての私とは立場が異なる点もあるが、「死線を越えて」は、そうした次元を超え、より根源的に崇高な人類愛を謳い、体当たりで自己の信ずる道を邁進する。勇気と行動で全編が貫かれており、何度読んでも飽きさせない。何というか、体の奥底から突き上げてくる快哉・歓呼に酔いしれてしまう。賀川の活動の根底には「相互扶助の精神」が脈々と流れているが、相互会社である日本生命は、基本的にその精神を同じうする。私の経営の原点である〝すべてはお客様のために〟そして〝現場主義〟は、正直、この本によって培われた。

聞くところによると、賀川は桜美林大学の創設者（初代理事長）であるという。このように、時代を超えた大思想家・大実践家を先人に持つ桜美林の学生は、何と幸せなことだろう。これからの日本を担う若者達が、少しでもこの作品に親しみ、先人の思想に想いを馳せ、自己の血とし、肉とすることによって、高く高く飛翔することを期待してやまない。

読書と人生、ドストエフスキーとともに生きて

名古屋外国語大学学長　亀山　郁夫

ドストエフスキーを経験するということ、それは、言葉によって、精神という名の洞窟を奥深くまで冒険することを意味する。しかし、冒険というからには、洞窟のなかは、むろん、人の予想を超える驚異と謎の世界でなくてはならない。思えば、冒険することの楽しさを、存分に、いや限界点に近くまで味合わせてくれたのが、ドストエフスキーの文学、なかでも『カラマーゾフの兄弟』だった。私が、初めて『カラマーゾフの兄弟』を手にしたのが、高校三年生のとき。率直に述べるなら、当時の私に、この巨大な洞窟を探検できるだけの心構えも体力も知識も足りてはいなかった。だが、大学時代の終わりに再びこの小説に挑んだときには、それなりに冒険を楽しむだけの余裕は生まれていたように思う。最近、テレビでも放映されているので、ご存知の方も少なくないと思う。『カラマーゾフの兄弟』は、「父親殺し」の犯人探しをめぐるミステリー小説である。しかし、謎は、事件そのもののなかにあるというより、むしろ人間の心のなかにある。再読から三十年の時を経て、私は、未消化のまま残っていたこの小説

の翻訳にとりくむことになった。人生の一大チャンスだった。三〇〇〇枚におよぶ大小説を訳しおえたときの充実感は、おそらくマラソン選手以上のものがあったと思う。しかも、三年近い時の流れのなかで、私は日々、筆舌に尽くしがたいスリリングな冒険の時を送ることができた。生命の真実とは何か、愛とは、罪とは、そして何よりも自己犠牲とは何か。そうしたもろもろの問いに答えてくれたのが、『カラマーゾフの兄弟』だった。世界最高の古典と呼ばれる小説。そこには、また、現代の日本社会に通じるいじめや貧困の問題もしっかりと描きこまれていた。翻訳者として、これほどの幸福にめぐり会えた喜びを、できるだけ多くの人に伝えたいと思い、相手を選ばず、憑かれたようにこの小説について語りあってきた。最後にひと言。

そもそも、読書とは何なのか？　読書とは、基本的に、他者を受け入れるという、きわめて辛い営みである。見るのでも、触れるのでもない。先ほどの洞窟の喩えではないが、それは、他者の心の洞窟に深く分け入ることを意味する。他者である以上、容易には受け入れがたい相手もある。だが、人間とは、精神の働きがあってこそ人間であり、たとい辛い相手でも、これを受け入れようとする努力を怠ってはならない。その意味で、読書は、冒険であると同時に、試練でもある。しかしその試練を受け入れることなくして、真の人間的成熟は望めない。

私の愛読書　丸山真男を「導きの糸」に

国際教養大学名誉教授　勝又美智雄

たしか1964年、高校2年生のときだった。社会科の先生に勧められ、岩波新書の『日本の思想』を読んで驚嘆した。まず一番とっつきやすそうな章「であることとすること」で、こんな分かりやすい言葉で、こんなに深いところまで突っ込んで行けるか、と目を開かされ、それ以外の章では明晰な論述に視野が歴史的にも空間的にも大きく、深く広がる感覚に胸が躍った。

大学1年の時に『現代政治の思想と行動』を、まさにむさぼるように読んだ。その論理展開の見事さ、分析・意味づけの鋭さと深さに圧倒され、日をおいて何度も読み返し、そのたびに新しい発見があった。キリスト教、マルクス主義を理解する導きの糸となって、自分の思考力がしっかりと鍛えられていくことが実感できた。それ以来、丸山真男の論文や対談、座談会の載った雑誌類を探し回り、古本屋を巡ったものだった。

大学紛争で全学ストが続いた大学2年の夏には、長野の学生村の民宿に3週間ほど泊まり込み、『日本政治思想史研究』と鼎談集『現代日本の革新思想』に傍線を引きながら、その主張を指標に、ヘーゲルの『歴史哲学』、マルクスの『経哲手稿』『ドイツ・イデオロギー』、M・ウエーバーの『支配の社会学』、マンハイムの『イデオロギーとユートピア』などを読んでいった。それは知的な新しい世界が眼前に広がっていくことを実感する至福の時間だった。

大学の卒論は社会学のゼミで「初期丸山真男研究」と題し、400字詰めで約300枚費やして丸山の思想形成過程を同年生まれの家永三郎ら同世代の学者たちや先行世代の政治学者、歴史家たちと比較した。

1970年代、丸山の大学紛争時の言動に批判が多く出て、「丸山はもう古い」などという言葉を聞くたびに反論した。時代的に古い新しいという問題ではない、要は学者としての思考能力、構想力の高さ・大きさの問題であり、丸山ほど状況分析能力が高く、世界的な視野の中で位置づけできる学者が他にどれだけいるのか、と。

丸山本人には一度も会ったことがないし、彼を信奉する人たちが毎年8月15日に主催していた「復初の日」の会合には都合3回くらいしか参加していない

だが岩波書店から「丸山真男集」全17巻と「別集」全5巻に「座談」全9巻、みすず書房から「書簡集」全5巻と「話文集」全4巻、東大出版会から「講義録」全7巻と相次いで刊行さ

れるのが嬉しくて、全冊買うたびに数日間は寝る間を惜しんで読み直してきた。読書は自分自身との対話にほかならず、その最良の導きの糸になってくれたのが丸山の作品群だった。その自己内対話を続けるのが、退職後の今も大きな楽しみになっている。

トルストイ『復活』（岩波文庫　中村白葉訳　1958年、藤沼貴訳　2014年）

早稲田大学名誉教授・元総長、（一財）アジア平和貢献センター理事長　西原　春夫

一生を通じてうなされ続けるような本はそう多くない。その本が何を訴えようとしているのか、読むごとに違い、それがとりもなおさず自分の人間的な成長を推し量る尺度を意味するからである。だからこわい。だが気になる。私にとってトルストイの「復活」はこれに当たる。

初めてこの本を読んだのは、終戦直後の高校時代だった。それまで慣れ親しんだ日本の小説とはまったく違うとてつもない長編であるばかりでなく、そこに描かれた、貧富の差のはなはだしい帝政時代のロシアの庶民生活、裁判や行刑の実情のすさまじさに目を奪われて、人間関係の在り方を問う作者の最も大事なことは読み取れなかったように記憶する。

二度目は早稲田大学で法律学を学びはじめた時だった。最初に読んだときにはよく考えなかったある言葉が気になりだしたからである。それは、「いかなる権利があって人間が人間を罰するのか」という問題提起と、検事や判事や獄吏などは「公許の罪人」だという表現であった。法律学を学ぶ者としては、看過することのできない言葉にほかならない。したがって、そ

の時は、その問題の解決という観点を持っての再読だから、やはり読み方に偏りがあったと思う。ただし、学生なりの生半可な知識ではあるけれども、すでに当時、トルストイの問題提起にかかわらず刑罰制度、司法制度は維持できるという結論には到達した。だからもうこの本を読むことはないだろうと考えたものである。

ところが、ことはそう簡単にすまなかった。昭和40年代半ば（１９６９年ごろ）、日本でも大学紛争の嵐が吹きまくった。いわゆる「全共闘」の学生が「大学解体」を叫んで暴れまわり、早稲田大学では校舎が次々と占拠される状態になった。

彼らは単に大学だけでなく、現在の日本の「体制」全体を破壊しようと考えていた。体制の中には、当然法秩序や刑罰・司法制度も含まれる。そういう中で法を説く者としては、そういった制度の正当性を、自分自身の理論体系をもって立証し、自信をもって彼らに言い聞かせなければならない。ところが顧みると、それが意外に薄弱であることに気づいた。かつて学生時代にトルストイの問題提起に答えた程度のまま打ち過ぎていたのである。こうして三度目、あの著書の頁をめくることになった。

この時も、例の問題提起に、学生ではなく専門の刑法研究者として答えるという観点からの読書ではあったが、トルストイが巻末で、人の生き方として聖書のマタイ伝を引用しつつ、キリスト教の精神を説いていることに関連し、前回では持っていなかった見方ができるようになっていたことが前回とは異なっていた。前回はキリスト教というものがよく分かっていなかったし、そのような信仰を持てるのかどうかを真剣に考えたこともなかった。ところが前回と今回の間に約八年間、ドイツ人のプロテスタント神学者の聖書研究会に参加する機会があり、キリスト教を徹底的に学んだ上で、自分にはキリスト教は合わないという結論に達していたのである。したがって、トルストイがキリスト教精神を生き方の指針とすることに関しては、もっとほかの生き方もあるよ、という考えを述べる自信ができていた。

それはそれとして、三度目の読書の間に気づいたのは、刑罰の正当性について、単に秩序維持のためとか、正義のためとかいう、刑罰を科す「国家」の立場からの立論では、トルストイも満足しないだろうし、全共闘の学生も説得できないだろうということだった。そこで、国家刑罰権の根拠を、逆に刑罰を受ける「国民」自身の側に求める研究を、大学紛争の真っただ中で開始した。その結果出版したのが、「刑法の根底にあるもの」という著書だった（初版１９７９年一粒社、増補版２００３年成文堂）。国家刑罰権の最も奥にあるのは、個々の人間の、生存本能から迸り出た「欲求」にあり、それが「犯罪」を生むと同時に、犯罪を犯させなくする「法律」をも生むという私の見解は、このようないきさつから誕生したのであった。

『復活』を読むということは、私自身が成長したかどうかを図る尺度を見るに等しい。だから恐ろしくておいそれとはできない。次におそるおそる頁を開くのはいつのことだろうか。

『論語』と私

元カネボー会長、元日本航空会長　伊藤　淳二

1. 『論語』と私
2. 『論語』と河合栄治郎先生
3. 『論語』と孔子

1. 『論語』と私

その出合は、昭和15年、私が神戸一中（四制）五年生、十八歳の時です。

室伏高信著書の「論語」を読み、深い感動を受けて以来、70年近く「天命を信じて、人事を尽くす」という人生観で貫いて来ました。省みて、一切の後悔はありません。

「徳は孤ならず、必ず隣有り」「吾が道は一以てこれを貫く―忠恕のみ」「利を見ては義を思い、危きを見ては命を授く」、この言葉「今日、ただ、今、」を生きた、理想主義者で現実主義者であった孔子の眞のすがたです。

2.『論語』と河合栄治郎先生

「食前と食後に「論語」を読む。大変面白い。合致する」（9・8・13 日記より）

先生の理想主義、人格主義は、『人格』という絶対―それは至高善である。神の存在を絶対善とされ、論語の「知者は惑はず、仁者は憂えず、勇者は懼れず」という孔子の理想とする「君子」に対応します。孔子が限りなく天、すなわち神を求めて目指したのが君子であり河合先生の求めた知、仁、勇の人格者（眞・善・美と称する理性―知性、徳性、感性）に対応し、一致します。孔子の仁者、徳者、聖人というのは先生の人格者なのです。

3.『論語』と孔子

世界の偉人が書いた最短の自伝は、孔子の「吾れ十有五にして学に志し、三十にして立つ、四十にして惑はず、五十にして天命を知り、六十にして耳順い、七十にして心の欲するところに従って矩を踰（こえ）ず」、でありましょう。

「己の欲せざる所を人に施す勿れ」。弟子から人生の最高の生き方を問はれた孔子の答えです。聖書のイエスが「あなた方の望むことを人にもそのとおりせよ（マタイ伝、ルカ伝）といはれる５００年も前に、すでに孔子はこの人生の黄金律を説いているのです。

文化大革命で批林、批孔と弾劾を受け、封建時代の魁（さきがけ）とされた孔子は今や「孔子学院」として中国文化の目玉となっています。

『新史　太閤記』（司馬遼太郎著）

北海道大学名誉教授　木村　汎

三つの点から、本書を愛読している。

一つは、著者の政治についての見方に共感するからである。司馬は、豊臣秀吉を百戦錬磨の名将と評価する。というのも、秀吉は武力以外の手段を用いて闘いに勝つことの重要性を知っているからだ。つまり、彼は戦争でなく、まず外交や調略を十二分に用いようとする。例えば、敵陣営のナンバー1とナンバー2との間の僅かなライバル心理や確執を利用して、当方へ情報を流させ、寝返ることとすら試みる。敵の城を直接攻撃せずに、城の周囲を水でかこんだり、付近の農民から米、麦を二倍の価格で買い入れ城を兵糧攻めにしたりして、戦意を喪失させる。敵将をして降伏する以外、もはや家族や部下を救う道が残されていないことを悟らせる。

このようにして、秀吉が実際軍事力を用い戦闘行為を行ったケースは、生涯驚くほど少ない。司馬は、本書で記す。「合戦は、調略の一部に過ぎず、調略なしには戦《いく》さなど勝てるものではない」。このような秀吉の戦争観は、古来、孫子やクラウゼヴィッツが説いてきたことであり、格別新しいことではない。つまり、一言でいうと外交、調略、戦争を政治目的を遂行する手段として、同一線上に捉えようとする考え方である。ところが戦後の日本人は、これらを厳しく区別し、外交や交渉のみを善とみなし、調略や戦争を悪と捉えがちである。

ちなみに私個人は、ロシアのプーチン大統領の研究をしている。プーチンがウクライナのクリミア半島を併合したり、ウクライナ東部でおこなったりしているのは、今日の用語で「ハイブリッド（混合）戦争」と呼ばれる。つまり、相手方を攻略し、当方の利益に資するという目的遂行のために、軍事的、非軍事的の別を問わず全ての手段を総動員するやり方である。レーニンが、闘いに勝つためには「ありとあらゆるもの」を用いよと説いた教訓を忠実に履行しているに過ぎない。

プーチン研究家としての私が司馬の秀吉観に驚かされ、かつ共鳴を覚える第二の点は、司馬が秀吉を稀代の「人蕩《ひとたら》し」とみていること。プーチンは、上司にとり入って、忽ちのうちにボスを虜《とりこ》にしてしまう天才的な才能の持ち主である。一介のＫＧＢ退役大佐でしかなかった彼は僅か三年半のモスクワ勤務で、エリツィンおよび彼の「ファミリー」に気に入られ、後継大統領の地位を手に入れるまでのスピード出世をなし遂げた。司馬は、織田信長を実に気むずかしい人物として描いている。彼が明智光秀という一番のお気に入りによって結局裏切られたことによっても、そのような信長の側面は容易に理解されるだろう。ところが、木下藤吉郎は、そのような信長に献身的に仕え、「猿、猿」と可愛がられるまでの存在になり、結局トップの座を掴んだのだった。

司馬は秀吉を「人蕩し」と描き、私もまた自著でプーチンを「人蕩し」とみなす。ついでながら、女優の故高峰秀子さんによれば、司馬遼太郎氏自身が「人たらし」の才能の持ち主で、彼女は司馬の一言で忽ちめろめろとなり、以来残りの生涯を司馬の大ファンとして過ごした。

私が本書を愛読する三つ目の理由は、文章が実にこなれていて読み易い点である。司馬の源義経や宮本武蔵論も名文で記されており、感嘆するが、司馬の全作品のなかで本書の文章は傑出している。おそらく、織田信長、豊臣秀吉、徳川家康の時代こそが、司馬が最も得意とし、かつその内容を自家薬籠中とした時期だったからだろう。他方、『坂の上の雲』、『菜の花の沖』、『ロシアについて』は、彼が文献を渉猟しつつ並行的に執筆した印象が否めず、その文章に私個人は世評ほどには感動しない。

執筆に行き詰る度に、私は『新史　太閤記』を読み返すことにしている。とくに各章の出だしは「司馬流自転車手法」の手本であり、必ず参考にする。まず、読者を惹きつけて止まない印象的な短文が記される。次に、まるで自転車を漕ぐようにそろりそろりと説明に入り、次第に文章が長くなってゆく――。この自転車漕ぎの手法に他ならない。目敏い読者は、私の最近著『プーチン――人間的考察』（藤原書店）のなかに司馬氏の発想や文章によって影響を受けている部分を見出すだろう。私自身はそのことを率直に認め、それを恥でなく、むしろ誇りにさえ思っている。

『福翁自伝』（福沢諭吉著）

東京山喜㈱　たんす屋社長　中村　健一

福沢諭吉がその60余年の人生を回顧した自叙伝です。ご存知の通り福沢諭吉は慶應義塾の創設者であり１９８４年から一万円札の肖像になっています。32年間日本の最高紙幣の肖像であり続けているのは決して偶然ではなく深い意味があると思います。江戸時代末期の１８３４年（天保５年）に大坂の中津藩倉屋敷で下級士族の五人兄弟の末っ子として生まれた諭吉は20歳のころ蘭学を志し長崎にに学びその後大坂の緒方洪庵の適塾に入門し蘭学を究めます。25歳の頃、横浜に行き今まで学んだオランダ語が役に立たない事を知り愕然とします。これからは英語だと確信しすぐに行動を起こします。英語を学ぶすべも無い中辞書を手に入れ独学で学びます。更に発音がわからないと、長崎から来た子どもが英語を知っているとか、漂流してアメリカに長くいた者が帰国したと聞けば探し回って学んだそうです。そして翌年には軍艦咸臨丸に乗ってサンフランシスコに行くわけですが、これも乞われて乗船したのではなく、江戸幕府がアメリカに咸臨丸で使節団を送り込むと聞きつけて、何としてもアメリカに行って自分の目でアメリカを見たいとの一念から艦長の木村摂津守に知人を頼って自らを売り込みます。欧米の先進性を身をもって体験した諭吉は明治維新後の日本のドクリツヲ維持継続する為に国民の教育を最重要と考え慶應義塾を創設します。この本の魅力は封建制度の江戸時代から大政奉還し近代国家建設を目指す時、欧米列強の植民化をいかにして免れ、世界の一等国に日本が〝ぜい変〟出来たかを理解する為の一助になります。更に明治維新に匹敵する大きなパラダイムチェンジに直面している今の日本にとって日本人一人一人がいかに考え行動するべきか大きな示唆に富んでいます。諭吉は机上の教育者ではなく自ら実践し行動する事で時代をリードしてきました。大きな時代の転換期にあって、この自叙伝は悲壮感なくある意味諭吉のユーモアとウイットに富んだしなやかな生き様の中に日本の独立を強く願う精神を感じ取る事が出来ます。頭から読み進めるのも良いですが、多くの小見出しがありますのでランダムに興味のある小見出しを読んでも面白いです。福翁自伝を座右の書とし、日本の最高紙幣の肖像として今の日本を見守ってくれている諭吉がもし今生きていればどの様な行動をしただろうかと想像してみるのも一興かもしれません。

私に最も強い影響を与えた本

河上肇『貧乏物語』

元岩手県立大学学長、元国連大使　谷口　誠

今振り返ってみて、私の人生で思想的に最も強い影響を与えた本を一冊挙げろといわれた場合、私はこの本を挙げたい。この本を最初に目にしたのは、終戦後学徒動員を終えて旧制中学の4年に戻ってきた頃で、大阪の田舎の中学生にしてはませた年上の友人よりこの本を借りて読んだ時である。当時、河上肇はマルクス経済学者として知られていたので、資本論の解説書だと考えていたので、難解な本だと考えていたが、当時の中学生にとっても漠然とは理解できた。当時、私たちは貧しかったので、この本を読んだ友人達で「貧乏会」と称するグループを作り、卒業後も年に1～2回は交友を続けている。中にはこの本の影響を受けたのかマルクス経済学者の途に進み、共産党員になったもの、会社の役員になったもの、公務員になったものなど様々な道に進んだが、会えば現在の日本経済の現状や、世界情勢の話になってしまうのは若い時に読んだこの本の影響の大きさを感じさせる。私自身に関していえば、一橋大学の経済

学部でも、ゼミの先生としては、近代経済学とマルクス経済学との融合という野心的研究をしていた杉本榮一先生、さらにケンブリッジ大学のJoan Robinson先生について勉強した。特にRobinson先生は当時〝Accumulation of Capital〟（資本蓄積論）という野心的著作を発表され、資本の研究の打ち込んでおられ、政治信条は当時の英国の労働党の左派の立場に立っておられた。両先生とも当時の経済学では決して主流ではなく、異端ともいえる経済学者であったが、この点では当時の日本での河上肇の『貧乏物語』の思想は相通ずるものがあったように思われる。

河上肇の『貧乏物語』は１９１７年に発表され、それから今年で１００年が経っているが、現在この本を読み直してみて、現在のグローバリゼーションの下での世界経済の現状、日本経済の現状をみても、河上肇が当時分析し、危惧していた点が現在にもかなり当てはまっているのではないかと感じられる。河上肇はこの著書において１００年前の主として英国経済、日本経済に存在する「所得格差」と「不平等」の問題に注目し、これから派生する「貧乏問題」や、「貧乏のしくみ」について研究し、その対策として「金持ちは贅沢品を買わない」などの提案をしている。この点は当時としては河上肇の最もすぐれた政治学者、経済学者として卓越した分析であったと評価したい。しかし、それから１００年後の資本主義経済は、河上肇が予想も出来なったスピードで発展し多くの富を生み出した反面、現在のグローバリゼーションの下では、市場経済至上主義の弊害が生じ、一国内の所得格差、不平等、国家間の所得格差、不平等を産み出している。現在の「格差」、「不平等」の問題は、河上肇が100年前に直面した問題とは比較にならない程深刻であり、問題は複雑化しており、その解決は決して容易ではない。

資本主義の最も進んでいる米国では先進国の中で所得格差が最も大きく、問題はその格差が徐々に拡大傾向はあることである。ブルッキング研究所の調査によると、米国のトップ5％の年収（20万2334ドル）は、下位20％の年収（2万1433ドル）の9.3倍に達しており、2012年の9.1倍より拡大している。そして政府が担うべき再分配機能の拡充の必要性が議論されながらも、有効な手段がとられていない。新しい大統領に就任したトランプ大統領は大統領選においては中西部を中心とした貧困層の支持を得て当選されたとされているが、未だに明確な貧困層への対策は見えて来ない。一方日本ではこれまで「1億総中流」といわれ、経済発展と共に所得格差が縮少し、平等な社会が形成されてきたという神話が存在していたが、最近ではその神話は崩れつつある。

私は1990年代の大半をパリのOECD（経済協力開発機構）で勤務したが、そのOE

ＣＤのデータによれば、日本の「相対的貧困率（全人口の税引き後の所得の半分以下で生活している人口の割会）は、２０１２年には16・１％で6.2人に１人が貧困ライン（poverty line）以下で生活していることになる。先進国の中で最も豊かな国であるはずの米国の相対的貧困率は、２０１３年に17・２％であり、6.4人に１人が貧困ラインで生活していることになる。日本がここで何らかの所得再分配などの手を打たなければ、日本の相対的貧困率は限りなく米国の水準に近づくか、あるいは米国を追いこす危険性を秘めている。因みに河上肇がこの本で研究対象としていた英国の相対的貧困率は２０１３年に10・４％、スウエーデンは8.8％。スイスは8.6％、ノールウェーは7.8％と米国や日本よりは遥かに低い。英国は１８８４年にすでにFabian 協会による社会主義が生まれていたし、Pigue（ピグー）の Welfare Economics（厚生経済学）、北欧の目指した Welfare State（福祉国家）の考え方は、サッチヤー、レーガンの市場経済至上主義により打ち崩されたといっても、欧州には根底にその伝統は生きているように考えられる。

私は米国にも約８年間、欧州にも約10年間勤務した経験からいえば、米国はダイナミックな社会ではあるが、「貧富の格差」という大きな問題を抱える不安定な社会であり、欧州はＥＵを中心とした社会の安定と Social Cohesion（社会の伴）を求める社会だとの印象をもっている。日本はいずれの道を進むべきか、河上肇の「貧乏物語」を再読して私は深く考えさせられた。日本はすでに人口減少、高齢化の社会を迎えるが、私は日本は欧州型の安定した社会への道を選ぶべきだと考えている。

『学生に与う』（河合栄治郎）に導かれて

元京都橘大学教授　西谷　英昭

私の本格的な読書は、河合栄治郎『学生に与う』以後である。それまでは、読書が好きとか嫌いとか、それが大切か否かさえ意識することもなかった。所が『学生に与う』を読んでビックリした。考えもしなかった「いかに生きるべきか？　価値あるモノは何か？」の世界に引き込まれたのである。河合氏がいう人生観の哲学に導かれ、内外の人生論・哲学・思想書を読み、考え、疑い、又読んだ。読むにつれ自分の無知を知らされ、「もっと知りたい」と次々に背中を押される。結果的に知の連鎖が生じ、知的訓練がなされる。また河合氏が勧める伝記や多くの文学・小説から、ドキドキハラハラ、時には涙ながらの感動もあり、情意面が刺激をうける。さらに明確な価値・理想に向かって実践への意欲がかきたてられる。まさに知情意が鼓舞され、空虚に思えた内面が少しずつ充たされ、人間として少しは成長したのかなという気になる。読書によって、自分独りではとても思いつかない考えや生き方に気付かされる。新たに知ることは楽しく、内面の充実は自信につながり、張り合いになり、生き甲斐につながる。

「すべての人に妥当する人生の目的はない」とも言われるが、そう早く諦観(?・)することもないし、そう言い切った後に何が残るのか? 余命三か月と言われてなお新しいことに挑戦し学び続ける人、明日特攻機で死ぬと分かっていながら哲学書に耽る学徒兵……その在り様は死ぬまで人格成長を続けている生き方に見える。自己の素質・可能性をどこまでも伸ばしていくという人格成長こそ最高価値で、すべての人の目的といえないだろうか。私が『学生に与う』から読書に開眼し導かれたゴールは、このような生き方=死に方であった。

お勧めしたいことは、特に若いうちに本書をひもどき、読書を試み、楽しみ、自分の生き方を吟味してみることだ。決して損はしない。

「私を下支えした生涯の一冊」

同朋大学大学院人間福祉研究科【特任】教授　伊東　眞理子

25年程前、専業主婦から大学の教壇に立つようになった私に「生涯の書は」と問われたら、迷わず選ぶ一冊がある。

現在、名古屋市と大津市を拠点として居住するが、研究室もどこもかも本業の専門書の山であるというのにだ。それこそが、美麗な表紙からなる上下巻４６０ページの『DIETS』である。ダイエットとは、痩せることではない。本来は、健康を保つという意なのである。

著者の市川桂子は、この本の冒頭でこう述べている。

「日本中の方々が、若く美しく、健康に生きるために役立ちたい」と。

この本から筆者は、人生における食べ物の重要性、つまり、食べ物を信じ、食べ物を頼りにして生きよ。太るのも痩せるのも疲れを取るのも、肌を綺麗にするのも、声を良くするのも、貧血も、高血圧も、糖尿もｅｔｃ身体の事情は、全て、食べ物によって、良くもなれば悪くもなることを悟れ！また、これからの女性は、徹夜して地方公演から帰ってＴＶ局へ、撮影して原稿を書く。その上、家庭のこともあり、一人、三役も四役も兼ねる。タフでないと生きていけないのだと、学び取った。

今時の男女共同参画ではない。男性に家事を半分求めるのではなく、先ず、女性として、一人の人間として、加齢することを恐れず、むしろ、加齢する毎に強くなれ、美しくあれと、自らを錬磨する方法として掴んだ筆者だった。

さて、この本には中学2年生で出逢っている。当時、少女の筆者が「癒し」として一目惚れして駅前の書店にて小遣いをはたいて購入。その頃、学校から4時に帰宅、皆が遊んでいる間に寝て、10時頃、母に起こしてもらい、遅い夕食をとり、入浴。朝5時まで勉強して、20分仮眠して学校に行くというパターンの日々。学内で53番から、この方法を採り、半年でぶっちぎりの学内でトップに。全国統一学力テストで堂々の3位となっていた。倒産した家を切り盛りする母を喜ばせたかったのである。

その後、専業主婦10年余を経て、娘が中学生となるのと同時に、大学院生となり（修士課程2年、博士課程3年）、在学中から非常勤講師、卒業と同時に、大学専任講師、助教授、教授、57歳の時には、経済学博士を取得し、大学院教授、大学院研究科長。その間、学外でも神戸、名古屋、大津の社会福祉、医療の会長、副会長職、学会の理事、監事、スーパーバイザー、他校の講師、その他、全国市長会を始めとする500回余の講演会講師という活動を行い、今もって可能としてくれている。

否、忘れてならないのは、管理栄養士でもないのに、名鉄グランドホテルの全レストランと国際会議場のランチメニューのプロデュースを2年間もさせて頂いたことだ。当時の社長のご指名が「健康と美を体現しているまり子先生だから」なのだった。

現在、英ロンドン・ビジネススクールのリンダ・グラットン教授の『LAIF SHIFT ― 人生100年時代の人生戦略』が評判で手許にある。しかしながら、この書の前に読むべきが、その人生100年時代を支える健康哲学の書ではなかろうか。

専業主婦10年、それからリニアではなくマルチに学者人生を歩むことができたのは、この一冊を咀嚼し、自家薬籠中のものにしたからであろう。私のキャリア人生を形成できた原動力―「太らない、老いない、病まない、疲れないライフスタイル」―を貫けた「食の力」は、人生の力をも創りだしたのだ。

第3章　推薦の書

「読書のすすめ」ジョナサン・スウィフト著『ガリヴァー旅行記』

政策研究大学院大学理事・客員教授　小島　明

ガリヴァーが巨人扱いされる小人の国（リリパット国）、その正反対の巨人の国（ブロブディンナグ国）の奇異な体験を描き、児童読み物として長く愛され続けているが、実は風刺のきいた国家論であり、政治学入門の書である。出版は1726年。

ガリヴァーの旅行した国は唯一の例外を除き、架空の国である。その唯一の例外である実在の国が日本。ヨーロッパの小説で初めて日本をとりあげたのがこの本である。日本に着き、江戸で「日本の皇帝」への謁見を許されたとき、オランダ人に課される踏み絵お儀式を免除してほしいと申し出る。アイルランド生まれのスウィフトは、鎖国している日本との貿易で踏み絵をしてまで甘い汁を吸っているオランダを皮肉っている。

死なない人間のいる国、ストラルドブラグでの体験にも風刺が効いている。死の不安から解放されたらどんなにすばらしいことかと期待して訪ねたガリヴァーは、失望する。不死ではあるが不老ではなく、目も耳も衰え、記憶力も失せ、老醜が進み、性格も意固地になり、世代によって言葉も変わるから対話もできなくなる。そうした不死人間がいちばん嫉妬を感じるのは死ねる人間の葬式を見るときだという。ガリヴァーは、結局、死とは人間に与えられた救済だと思いながら不死国探訪を終え、ナングサク（長崎）へ向かう。

「学者の国」「馬の国」などにも漂流、人間と社会を様々な角度から鋭く観察する。ともかく風刺が効いている。やはり一級の政治学の書である。

私が推薦する書籍

矢内原忠雄『国家の理想』『神の国』（『矢内原忠雄全集』第18巻）

オタゴ大学教授　将基面　貴巳

今年で海外生活が四半世紀になる。日本を出てから、イギリス、カナダ、そしてニュージーランドという具合に、イギリス本国から始めて、そのさいはての植民地まで移住してきた。その間、いつも私の書棚にあったのは『矢内原忠雄全集』全29巻（岩波書店）である。イギリスに留学した目的は、中世ヨーロッパ政治思想の研究だったから、日本思想に関する書物を、それも全部で29巻もある全集を国外に持ち出す必要はなかったはずだ。しかし、東京での大学生時代以来、折に触れて、この全集の中の一巻を取り出しては目を通すのが習慣になっている。

矢内原忠雄の名は、戦後間もなく東大総長として活躍したことで広く知られている。しかし、昭和初期には、東京帝国大学の植民政策論の教授として日本経済学をリードした研究者であり、また内村鑑三の薫陶を受け、戦中・戦後を通じて無教会キリスト教の指導者としても活躍した人物でもある。

拙著『言論抑圧　矢内原事件の構図』（中公新書、２０１４年）で詳説したことだが、昭和12年、当時の日本政府の軍国主義的政策を批判したことがきっかけとなって、矢内原は東京帝大を辞職せざるをえなくなった。いわゆる矢内原事件である。この事件の発端となった彼の論考のひとつが「国家の理想」という『中央公論』に発表された論文であり、もうひとつは「神の国」と題された講演だった。

これらの時論を収めた全集第18巻は、おそらく私が最も頻繁に手にとった一冊である。ここでは、その内容を要約・紹介することは差し控えよう。ただ、ひとつ指摘しておきたいのは、矢内原が残した考察が、ただ単に、時の政権の批判だったというにとどまらず、極めて優れた学問論にもなっているということである。

現代日本にかぎらず西洋諸国においても、いわゆる人文社会科学分野の研究や教育は「役に立たない」と一蹴される風潮が強まっている。しかも、研究資金は、社会のニーズに応える研究に回されるべきであるという考え方が大手を振ってまかり通るようになっている。

しかし、研究は、究極的には、学問的「真理」の探求である以上、研究の価値は、経済的利益や政治・社会的必要によって決定されるものではない。しかも、「社会のニーズ」といっても、本当に必要とされるべきものは、実際に必要とされているものと必ずしも一致しない。そして、そのあるべきニーズの姿を示すのが人文学系研究の役割のひとつである。

このように、学問は、本来、政治や社会、経済の論理と鋭い緊張関係にあるものなのだ。そのことを、きわめて簡潔かつ格調高く論じたのが、矢内原の『国家の理想』をはじめとする諸論考なのである。

「学問をする」とはどういうことかを考えるための必読書として強く推薦したい。

ドストエフスキー著『カラマーゾフの兄弟』（原卓也訳　新潮文庫）

新潟県立大学教授　袴田　茂樹

私は、インターネットやハウツーものの本で情報や知識を得ることと、読書というものをはっきり区別している。読書は、単なる情報、知識を得る場、あるいは断片的な意見を扱う場ではない。それは、じっくりものを考えながら価値観をめぐって真剣勝負をする場であり、芸術のリアリティ（本質）にふれる場である。したがって読書は、時にはそのひとの人生観や生き方さえ根本的に変える力を持っている。この意味での読書においては、しばしば一つの章、一頁の内容、一つのフレーズをめぐって、何週間、何か月あるいは何年も考え続けることがある。今回、「私の一冊」を紹介してほしいとの依頼を受けたとき、当然ながらこのような意味での読書を念頭に置いた。そして、先ず挙げようと思ったのが、ドストエフスキーの『カラマーゾフの兄弟』で、特にその中の「大審問官」の章を取り上げたい。これは、私が学生の頃から古希を超えた今日まで、私に問題を投げかけ続けている作品である。

基本的人権という観念を通じて私たちは、自由は無条件に良いもの、皆が求め、すべての者に同等に与えられるべきもの、と教えられてきた。それゆえ自由を制限したり抑圧したりすることは無条件に悪と考えてきた。しかし無神論者の主人公イワンが信仰篤い弟のアリョーシャに話すこの「大審問官」の物語においては、自由というものを、精神の真の自由と解釈し、それは一般の人には到底耐えることのできない恐るべきものとして描かれている。そして人々はこの恐ろしい精神の自由は急いで捨てて、権威や地上のパンを求めるものだ、と説いている。精神の自由が耐え難い恐ろしいものという理由は、真の自由とは、何が善で何が悪か、そもそも人生に意味があるのか、そのようなこともすべて自ら判断し決めなくてはならないという孤高の絶対的孤独を意味するからだ。

この物語では、精神の自由を象徴するものとしてカトリック教支配の中世に現れたキリストを、また「地上の権威」によって人々を「恐るべき自由」から救い、また彼らに地上のパンを約束する者の象徴として、異端審問を司るカトリックの大審問官を描いている。大審問官はキリストに向かって、自分たちはキリスト教を騙っているだけで実はサタン（悪魔）と手を結び、か弱き民衆を恐ろしい自由から救ってやっているのだと、中世キリスト教の権威主義およびその秘密を語る。

ここに描かれている思想は、哲学的にはキリスト教を否定したニーチェの孤高の思想に通じる。また政治的に見ると、ナチスが台頭した時代のドイツの社会心理を分析したＥ・フロムの『自由からの逃走』に、また自由だと思っている現代人も、じつは常識という「匿名の権威」に操られているのだというＤ・リースマンの『孤独な群衆』にも通じる。日本の文学においては、社会と対立する「個」の自由の問題をつきつめれば、結局は、宗教か狂気か自殺に行き着くとして、仏教的な「則天去私」の境地を説いた夏目漱石の思想にも通じるだろう。

偉大なる精神闘争の指南書：内村鑑三『後世への最大遺物』

聖学院大学准教授　松井慎一郎

人生において失敗や挫折はつきものである。大きな夢や理想に向かい様々なことにチャレンジする青年時代にあっては、それは恒常的に繰り返すといってもよい。いかにして失敗や挫折を経験せずにすむか、若き日の智力や活力の大半はそれに当てられるといっても過言ではない。とくに、学歴やキャリア重視の現代社会では、失敗や挫折は人生の汚点にこそなれ、栄光・勲章と見做されることはほとんどない。ひとたび大きな失敗をすると、落伍者のレッテルを貼られ、社会の立身出世コースから外れることがしばしばある。しかし、本書を読むと、失敗や挫折は決して回避すべきものではなく、むしろ人生をより強く豊かなものにするために必要不可欠なものであるとさえ思えてくる。金や事業や思想でもなく、「勇ましい高尚なる生涯」こそ「後世への最大遺物」と言い切る本書は、人生の真の目的や価値は何であるかという根本問題を読者に強く突き付けて来るのである。

著者の内村鑑三は、近代日本における著名な思想家である。思想家としての内村の魅力は、彼自身が様々な苦難や苦悩を経験し、それを乗り越えて確固たる理想主義的人生観を形成したことにある。本書は、一八九一年のいわゆる「内村鑑三不敬事件」によってすべてを失った内村が、流れ着いた京都で貧困のなか執筆活動を展開していた不遇の時代に、箱根で行った講演がもとになっている。人生のどん底に突き落とされても不死鳥のごとくはい上がろうとする者でしか持ち得ない生命力がそこには溢れている。文部大臣や獨協大学初代学長を歴任した天野貞祐や古代ハスの開花に成功した大賀一郎をはじめとする多くの偉人が本書を読むことで奮起して大成したというのも十分納得できる。

内村は「勇ましい高尚なる生涯」について次のように説く。

この世の中はこれはけっして悪魔が支配する世の中にあらずして、神が支配する世の中であるということを信ずることである。失望の世の中にあらずして、希望の世の中であることを信ずることである。この世の中は悲嘆の世の中でなくして、歓喜の世の中であるという考えをわれわれの生涯に実行して、その生涯を世の中への贈物としてこの世を去るということであります。

どんな苦難・苦悩が身に降り掛かろうとも決して希望を失わないこと、そこにこそ人生勝利の秘訣があることを教えてくれる。我々は、自らの心の持ち方次第で、失敗や挫折を乗り越え人間として大きく成長することができる。その尊き精神闘争の勝利に多くの人々は励まされ、自らもまた精神闘争に挑む勇気を与えられるのである。今試練に立たされている、もしくは、これから社会の荒波に船出しようとする、すべての学生・青年にとって必読の書である。

私が推薦したい一冊の本　ヒルティ『幸福論』

岡山大学名誉教授　行安　茂

Ｃ・ヒルティ（草間平作訳）『幸福論』第一部（岩波文庫）を第一に私は推薦したい。私は四十才ごろから本書が優れた本であることをある人が推薦しているリストから選んで購入し、今では座右の書である。

本書の中から私が学んだ内容は「仕事の上手な仕方」と「時間の作り方」の章である。ヒルティは「絶え間ない有益な活動の状態こそがこの地上で許される最上の幸福な状態である」という。彼は「我を忘れて自分の仕事に完全に没頭することのできる働きぴとは最も幸福である」ともいう。しかし、そのためには怠惰を克服しなければならない。「ひとは誰も生まれつき怠惰なものだ。…善事にたいして怠惰であるということがわれわれの本来の根本的な欠点である」とヒルティはいう。どうしたら怠惰を克服することができるか。

彼はそれは習慣の力であるという。習慣を身につける上で最も大切なことは「思いきってやり始めることである」と彼はいう。やり始めるのが遅いことが問題である。思いついたらすぐ実行に移れ、ということである。それを遅らすのが怠惰であるというのである。現代では勉強や仕事に意欲が湧かない人が多いと言われる。ヒルティは「仕事の机に座って、心を仕事に向けるという決心が結局一番難しいことなのだ」という。できそうなことを直ちにやり始めることが次々やる意欲を起こす力、即ち習慣であるというのである。

ヒルティは「時間がない」ことが今では「一つの口実」となっているという。しかし、「なぜ自分が一日じゅう忙しいのか、まったく知らない人が非常に多い」ともいう。どうしたら時間を作り出すことができるのだろうか。

彼は「時間をつくる最もよい方法は――規則正しく働くことである。」という。第二のポイントは「小さい時間の断片の利用である」という。一日の中で五分間、十分間を有効に使うことであるという。第三のポイントは「手早く仕事をすること」であるとヒルティはいう。このことは急いで仕事のスピードを上げることではなくて、「すぐにきちんとやることである」という。仕事をあせって早くするのではなく、落ちついて、しかも絶えずその場できちんとやることが、時間がいつもある方法だとヒルティは力説する。

現代人は職場が忙しいという。ヒルティの思想を学んで活用すれば、いつも暇ができるのではないだろうか。「忙中閑あり」の言葉はけっして嘘ではない。業績を上げる方法も時間の使い方であり、健康管理も時間の使い方にかかっている。大切なことは今の時間を活かすことである。

塩尻公明『或る遺書について』——私の推薦する一冊——

元大阪教育大学長　中谷　彪

よき師との出会い、よき友との出会い、よき書物との出会いは、人生を豊かにする。ただし、すべての若者がよき師に出会い、よき友に出会い、よき書物に出会えるかというと、必ずしもそうではない。しかし、つねに努力をいとわず、向上心を失わない若者であるならば、そうした出会いは必ずあるはずである。

私自身は平凡な人間で、努力家でもなく、またさしたる向上心も持たなかったのに、よき師に恵まれ、よき友に恵まれ、よき書物に恵まれたように思う。よき師のうちの一人は何と言っても塩尻公明先生で、よき書物とは塩尻先生の著作である。先生の著作と言っても、それは多数の著作になるのであるが、私の愛読書はその中の人生論の類である。

塩尻先生の人生論は、塩尻氏が〝人生如何に生きるか〟を求めて、いわゆる〝人間の業〟と徹底的に闘った苦闘の過程と結果とを赤裸々に綴ったもので、凡百の人生論とは質を異にしている。まだまだ未熟な私には塩尻先生のような強靭な生き方はまったくできないのであるが、そういう私をも塩尻先生の人生論は見捨てないのである。それどころか、私に対して生きる方法を、進むべき道を、努力精進する目標を示唆してくれるのである。

ただし残念なことに、塩尻先生の数ある人生論は、私の座右の書である『人生論』（六月社、１９５７年初版）を始めとして今日では絶版となっており、新本を扱う書店では入手できない（古書店や古書ネットで購入することは可能である）。もし関心のある人がおられれば、古書を求めて読んでいただきたい。

しかし幸運にも一冊だけであるが、若者たちに是非とも読んでいただきたいし、推薦できる塩尻先生の人生論が出版されている。それは『或る遺書について』（桜美林大学北東アジア総合研究所、２０１３年、新書）である。同書は、教え子であった学徒兵木村久夫が戦犯となって処刑の日を迎える中で哲学書の欄外余白に綴った「手記」（遺書）を塩尻が書き取って解説したものであるが、理知的で高雅な木村の文章からは、戦争によって学問への道を断ち切られた木村の無念のみならず、師弟間の交流の美しさをも読み取ることができよう。

木村の遺書は、後に『きけわだつみのこえ』（岩波文庫）に収録されて、白眉の文章として光輝いていることは周知のことである。最近、久夫の「遺書」も公開されたので「手記」と「遺書」とを原文で読みたいと望む方は、拙著『「きけわだつみのこえ」木村久夫遺稿の真実』

（桜美林大学北東アジア総合研究所、２０１５年）を読まれたい。塩尻公明と木村久夫の文章は、私たちに「国民の遠い責任」と「国民の近い責任」とは何かを考えさせてくれるはずである。

『河合栄治郎全集』の読書をすすめます。

聖学院大学名誉教授、一橋大学名誉教授　田中　浩

人生には全く思いもしないサプライズな出会いがあります。私の場合は、敗戦と河合栄治郎著『自由主義の擁護』との出会いがそれであります。この二つの出来事が私の一生を定めたからです。昭和二〇年八月一五日、私は疎開地の会津若松「白虎隊」の地で終戦の「玉音放送」を聞きました。それから六ヶ月間、「いかに生きるべきか」という方向性を求めて悩みに悩んでいました。翌年一月中旬、私は全く偶然に本屋で河合栄治郎著『自由主義の擁護』を手にしていました。敗戦時、「陸軍経理学校」という帝国陸軍のエリート校で将校生徒＝士官候補生で、戦前には、すっぽりと軍国主義教育を受けてきた私にとって「自由主義」こそ不倶載天の敵の思想でありました。なのに、なぜか私はこの本を棚から引き出していたのです。河合栄治郎という名前すら知りません。しかし、この本を読み始めたとき、「目からウロコ」が落ち「体に激しい電流が走り出した」思いがして、夜が白むまで読みふけっていました。この人の文章には気魄がみなぎり、しかも流麗・明解、思わずグイグイ引きずり込まれたのをいまでも思い

出します。あとで知ったことですが、戦時中、強大な国家主義的権力に勇敢に立ち向かい、それと闘った人にしてはじめて書ける内容と文章でありました。

一夜にして私は「回心」し、「人間」となりました。もしあのとき河合さんと出会わなかったらその後の自分はどうなっていたでしょうか。サプライズは偶然ではなく、私にとっては必然的な「天の配剤」であったのです。四月に旧制高校文科乙類に入りなおしました。ここでもまた河合さんの『トーマス・ヒル・グリーンの思想体系』に出会い、グリーンや河合さんと同じく、私も日本の自由化・民主化のためにいささか役立ちたいと思うようになりました。大学では哲学科に入り、世界初の近代市民革命である「ピューリタン革命」時代の大思想家であるトマス・ホッブズの思想と取り組み、それからこんにちまで、西欧と日本の思想史を研究してきました。

戦後河合さんは、当時の社会主義・共産主義の隆盛によってその評価は無視され不遇のままでありました。私は河合さんの学問と社会正義への姿勢に感服していましたのでつねづね残念に思っていました。近年、河合さんの再評価が始まったことを大変嬉しく思っております。河合さんの学問は、大正デモクラシー時代のオピニオン・リーダー長谷川如是閑、戦後民主主義の旗手丸山真男さんと同じく、世界の民主主義思想の潮流である「リベラル・デモクラシーとソーシャル・デモクラシー」の接合を試みた、「社会変革」の「のろし」を打ち上げた内容をもつ思想であります。今後の日本の民主主義思想を考える場合、私は以上の三人の偉大な先達の著書・論文を是非読まれることを青少年の皆さんにすすめるものであります。

青少年と学生への読書のすすめ　私の読書体験から

ＡＮＡホールディングス株式会社相談役　大橋　洋治

私の読書体験から、現代の青少年や学生にすすめたい本をあげるとすると、やはりこの時期の若い皆様には夢を持ち、夢を育てるような本を読むことをおすすめしたい。

まず第1に、司馬遼太郎の『竜馬がゆく』をお勧めしたい。物語として面白いだけでなく主人公の竜馬が夢に向かって挑戦してゆく姿に読者は勇気と元気を与えられるのではなかろうか。文体も軽やかで読みやすく、全編に若いエネルギーがあふれている。

次には、若い社会人には同じ作家の『坂の上の雲』をお勧めしたい。日本が明治維新を経て、欧米先進国を模範として近代国家へと急速に変わってゆく姿を描いた司馬の代表作である。

伊予の国松山に生まれた秋山兄弟が軍人として成長してゆく人間の成長記録としても読むことができる。さらに大国ロシアとの死闘を経て日本が先進国の仲間入りをする過程を描いた歴史小説としても読むことができる。この本によって、企業組織の中で働く新入社員や中堅社員にとっては組織と人の係わり、リーダーの資質と役割、などについて今の時代にも通じるものが多い本である。若手だけでなく部下を持つ企業人にも勧めたい本だ。

私は歴史ものが好きで、最近では、半藤一利氏の著書もよく手にする。例えば、氏の『幕末史』などは明治前夜の時代背景とそこに躍動する人物像が的確に描かれていて大変知的好奇心をかきたてられた。私は若い時に、鶴見祐輔の『プルターク英雄伝』を読んで以来、この英雄伝のとりこになった。この英雄伝はアテネとローマの対比列伝であるが、私はいずれも面白く魅力的な英雄伝の中でも、特に好きな英雄は「アレキサンダー大王」である。人生の大半を戦争で明け暮れ、外地で病に倒れ33歳で亡くなったアレキサンダー大王の人生は、いつの時代になっても夢をかきたてられる勇ましい高尚な人生の手本になると私は思う。

皆さんが、若い時に「生涯を通じての良き本」との素晴らしい出会いを持つことを期待します。

中島敦『名人伝』のすすめ

慶応大学講師　閻　瑜

中島敦（一九〇九〜一九四二）は、『弟子』『李陵』のような歴史に基づいたかた苦しい漢文作家というイメージがあるようですが、実は『名人伝』のようなユーモアと機智に富んだ短編も書き残しています。

『名人伝』は、『列子』湯問篇に見える弓の三人（甘蠅《かんよう》・飛衛《ひえい》・紀昌《きしょう》）にまつわる話と『列子』黄帝篇に描かれている断崖絶壁の上での「不射之射」の場面に基づいた作品です。主人公の紀昌《きしょう》が、天下一の弓の名人をめざして長年修業に専念した結果、射術の最高の境地に達したが、結局弓を捨てただけでなく、弓のことさえ忘れてしまう話です。

紀昌の修業は中島敦の描写によってまことにユーモラスなものになります。彼は最初の師飛《ひ》衛《えい》の指示どおり、まず「瞬きせざること」を二年間練習しました。その結果、まぶたがそれを閉じることを忘れたようで、夜寝る時でも目が大きく見開かれたままで、ついに、彼のまつ毛とまつ毛の間に小さな一匹な蜘蛛が巣をかけるようになりました。その後、師に「視ること」

を学べと命じられました。そこで、彼は肌着の縫い目から虱《しらみ》を一匹探し出し、これを自分の髪の毛でつないで窓にかけ、終日にらみ暮らすことにしました。その虱が何十匹も取り替えられ、三年の月日が流れた後、不思議なことに、窓の虱が馬のように大きく見えるようになりました。これで、師飛衛はようやく紀昌に射術の奥儀秘伝を教え始めたのです。このようなユーモアに富んだ描写は、『名人伝』だけでなく、『悟浄出世』や『文字禍』『マリヤン』などの短編にも見られます。

開高健も「ケチくさくない作品」というエッセイーの中で、中島敦の作品の楽しさを絶賛しています。不眠で悪闘苦闘の中、彼は久しぶりに『中島敦全集』を読みにかかりました。まもなく悟浄が登場し、開高は「楽しさをおぼえはじめ」、さらにページをめくって「文字禍」にたどりついた時に、「声に出して笑いはじめ」、「笑ったはずみにウイスキーが口から吹き出さないよう用心しつつ」、「眉をひらいて、笑った」となります。そこで、「小説を読んでいて笑うなどという経験はここしばらく忘れ果てていたことである」という感想をもらしています。

「射之射」の「名人」になった紀昌は、仙人のような師甘蝿《かんよう》のところでさらに九年間修業を積んで帰った際に、「無為は為す無く、至言は言を去り、至射は射ることなし」と言い、「弓を執らざる弓の名人」となりました。これは、最高の境地は言葉に頼らず、行為に訴えず、事を成し遂げる、つまり最大の為は無為であるという意味です。「不射之射」は「無為」という老荘思想の中核的内容を具現化したものです。

これは世間一般の常識としては矛盾している逆説なので、少し分りにくいです。外国語の習得に例えて言うと、最初は一般的に母国語から外国語に訳しながら表現しますが、勉強を重ねるうちに、母国語を経由せずに直接に自分の考えを外国語で表現できるようになると言われています。さらに、修業を積んでいくうちに、外国語も母国語のように、とくに文法を意識せずに自由に操るようになるでしょう。母国語や文法といった外国語習得上のツールや手段を忘れて乗り越え、つまり「弓」を捨てることによって、本当の「名人」になるのです。

二十三歳の若さで将棋の「名人」の地位を得た羽生善治棋士も『名人伝』に強く引かれ、「いつか、そんな名人の心境で将棋を指してみたいという思いもあるが、そういう心境には一生かかってもとても到達できないだろう」と語っています。

この興味深い『名人伝』は、一九四二年後半から十二月までの間に脱稿され、中島の最後の小説となります。時は太平洋戦争開戦一年後、戦争の色がいっそう濃くなる頃ですが、しかし、「名人伝」は彼のほかの作品と同じく時代色が薄いものです。中島敦は国策文学を書くことなく、時代の潮流に乗らずに、最後までこの主張を貫きました。表面上戦争時代を批判する傾向を見出されない「無為」を通して、時代に対する最大の批判「為」を達成したと言えるでしょう。

十五分ほどで読みきれる短編なので、ぜひ中島敦の『名人伝』を読んでもらいたいと思います。

お薦めの三冊

歴史の豊穣さを実感する三冊

作家・現代中国文学者　劉　燕　子

一、ツェリン・オーセル著、藤野彰・劉燕子訳『殺劫―チベットの文化大革命―』集広舎、
　２００９年、４６００円＋税

２０１６年は文化大革命勃発50周年となる。中国政府の公式見解として文革を政治的に否定したが、これは結論となり、一層の研究を抑える機能を果たしている。文革の追究は共産党の威信や凝集力に関わるからであり、そのため多くの問題が未解決のまま封印された。しかもチベット、ウイグル、モンゴルなど少数民族は強制的に声なき存在とされてきた。これに対して、チベットの立場から問題提起したのが記録写真と証言に基づく『殺劫―チベットの文化大革命―』である。写真はオーセルの父（当時副連隊長クラスの将校で軍事管制委員会宣伝担当）が撮ったものであり、彼女はそれに基づき70名以上の関係者を調査した。

オーセルはチベット文革は「殺劫（サルジェ）」によって象徴されると述べる。それは語義

的にチベット文革の実態を示すだけでなく、音韻的にチベット語の「革命（サルジェ）」と類似しているからである。

元来、チベット語には「革命」という言葉はなかった。しかし、人民解放軍はチベットに進軍し、チベット語の「新しい」と「取り替える、入れ替える」という二つの言葉を組み合わせて「革命」を意味する新語を造った。これは新たな時代の到来に伴って生成した多くの新語のなかで、最も的確に翻訳されたものの一つだと言われた。

また漢語について言えば、確かにチベット語の「革命（サルジェ）」と同音の言葉はたくさんある。その中で「殺劫」としたのは、中国共産党の「革命」がチベットにもたらした永劫に回復できない災禍を明確に表現しているからである。

この「サルジェ（革命＝殺劫）」に次いで「文化大革命」がチベットを席巻した。そして、「文化」を意味するチベット語の発音は中国語の「人類」に近似し、このため「文化大革命」は、中国語とチベット語を音韻的に重ね合わせると、チベット人にとって「人類」の「大」なる「殺劫」を想起させ、それは実態に合致している。

２０１５年の8月、リベラル知識人が集う書店「万聖書園」にある喫茶店「醒客・thinker」で、私はオーセルと語りあった。文革50周年について尋ねると、「イデオロギー統制においてはチベットは依然として文革の時代と同じです。言わばチベットでは文革は終焉していません。２００８年のチベット抗議事件はその帰結ですが、中国政府はこれを反省しないどころか、さらに統制を強め、様々な物理的暴力とともにチベット文化全体を否定する文化的ジェノサイドを押し進め、まさに革命＝殺劫（サルジェ）の再来です」と答えた。

それでもなお、オーセルは「著述は祈ることであり、巡り歩くことであり、証人になることである」という理念で書き続けている。

二、楊海英『チベットに舞う日本刀―モンゴル騎兵の現代史―』文藝春秋、２０１４年、１８５０円＋税

少数民族問題は周辺と中央（中原・北京）をめぐり、文化、習慣、伝統、信仰、歴史、民族、国家の普遍性と特殊性が相克する矛盾が激烈かつ根深く絡みあっている。『チベットに舞う日本刀―モンゴル騎兵の現代史―』では、モンゴルの立場から中国・日本・モンゴル・チベットをめぐる現代史が犀利な文体で再現されている。それは天下＝中華世界とする自民族中心的な、また毛沢東主義紅衛兵的な歴史観とは全く異なる。ここから中国をめぐる近現代史は、漢民族中心主義的な中華史観ではなく、少数民族の視点も必要であることが分かる。しか

も騎兵と日本刀に即して日本モンゴル関係も論じられている。

その上でモンゴルを襲った五つの悲劇が問題提起されている。第一に日本がモンゴルの独立を支持するといいながら政策を変え三八名の将校が処刑され、第二に満州国ではモンゴル人は軍隊を擁する高度な自治を得たがソ連軍の侵攻で潰え、第三はモンゴル人は日本撤退後に民族統一を実現しようとしたが大国だけで決めた「ヤルタ協定」で阻止され、仕方なく中国人が標榜する「高度の自治」を信じたが結局は有名無実で裏切られ、第四は過去の「対日協力の罪」の代償で中国に忠誠を尽くそうとして信仰が同じチベット人を殺戮し、第五はチベット遠征から帰還した後の騎兵隊解散と大量虐殺である。

これらの悲劇は中国人が南モンゴルを支配し、民族自決を否定したことに関連し、しかも未だにモンゴル人はその呪縛から解き放たれていない。日本人にとっても無関心ではいられない問題である。

三、劉震雲著、劉燕子訳・解説『人間の条件１９４２―誰が中国の飢餓難民を救ったか―』
集広舎、２０１６年、１７００円＋税
戦中、重慶国民政府の統治下の河南で一九四二年に起きた大飢饉がモチーフとなっている。

政府は大飢饉にも関わらず苛斂誅求の徴税・徴集を強化し、そのため三百万人の餓死者と三百万人の飢餓難民という極めて悲惨な状況となるが、これを終息させたのは、むしろ進攻した日本軍で、軍糧を放出して難民を救済した。作者は次のように述べる。

大飢饉と重税の下で、農民たちはずっとチャンスをうかがっていた。数カ月来、彼らは災害と軍隊の残忍な巻き上げに、苦しみ耐えてきたのだ。もうこれ以上は我慢はできない。彼らは猟銃をとり、青竜刀や鉄の鍬を手にして、自ら武装したのだ。

当初、彼らは散発的に中国軍兵士の武器を取りあげるだけだったが、最後には、中隊ごとに次々と軍隊の武装を解除させるまでに発展した。推定では、河南の戦闘では数週間に、約五万人の中国軍兵士が自らの同胞たる民衆に武装解除させられた。このような状況のもと、もし中国軍が三カ月間持ちこたえることができたなら、それはまさしく不思議な出来事であった。

すべての農村において武装暴動が起きている状態では、抵抗しても全く希望はない。三週間以内で、日本軍は目標を全て占領し、南方への鉄道も日本軍の手に落ちた。かくして、三十万の中国軍は全滅したのだ。

日本はなぜ六万の軍隊で、一挙に三十万の中国軍を全滅させることができたのか？　彼らは軍糧を放出することによって、民衆を頼りにしたのだ。

民衆は大いなる存在である。一九四三年から一九四四年春まで、われわれ（中国の最下層の民衆）こそ日本の侵略を助けたのだ。

漢奸なのか？　人民なのか？

このような問いかけにより、漢奸＝侵略した日本軍の手先の売国奴という定義が改められている。言い換えれば、中国では日本軍は絶対的な悪とされ、前記の史実はタブーの如く封印されてきたが、それを突き破ったのが本書なのである。日本軍＝絶対悪という官製の「歴史」に不都合な「もう一つの史実」が提出されており、戦後70年以上を経てなお注目すべきである。

さらに、この「一九四二年」があたかもパスワードになり「一九六二年」へと導き、数千万という空前の餓死者を出した「大躍進」を想起させている。事実インターネット空間では「一九六二年を忘れるな」など活発に議論された。

作者の劉震雲は、２００８年2月21日、桜美林大学北東アジア総合研究所で講演をしたとき、「短期的に見れば、政治と戦争が歴史を変えましたが、長期的に見れば、むしろ被災民のご飯の問題が歴史を変えたのです」などと、平易でユーモアにあふれた表現で自著を解説した。それは意味深いもので、本書を味読すれば分かるであろう。

本は生きている

下村湖人『青年の思索のために』

亜細亜大学准教授　宇佐見義尚

１９７９年の12月に、『生きている本』（論創社）という本が出版になりました。著者は浜田芳雄という方です。著者が昭和41年から54年までに高崎市民新聞に発表した教育に関する論考、随筆や講演録などが収録されている本文１４７ページほどの小さな本です。著者の浜田氏は群馬県高崎市の中学校・養護学校の教員を経て、退職後に私財を投じて心身障がい者のアフターケア施設「洗心郷泰山荘」（現在は閉鎖）を建設した教育者でした。浜田氏は昭和54年の1月に癌の告知を受け10月3日に、この本の出版を待たずに逝去されてしまいました。享年59歳。この本の出版の話は、浜田氏が癌の告知を受けてからでしたから、浜田氏自身が書名を「生きている本」にしたいと言われたのは、浜田氏の生命への執着心からだとばかり、当時の私は思っていました。

しかし、今回、本書出版企画にあたり原稿執筆依頼を受けてから、読書について思いを巡らしているうちに、38年も前に私が編集にかかわった一冊の本『生きている本』のこの書名に著者が思いを込めた真の意味がようやく分かってきたように思います。浜田氏がその書名を「生きている本」にしたいと言ったのは、死を目前にした最後の著作ゆえに単にご自分の生命の執着心からではなかったことが、ようやく分かってきたのです。「生きている本」とは、「本」に対する本質的な存在理由であり、本をおろそかにする、読み捨てにすることへの警鐘でもあったのではないかと思われるのです。本とは、作者の命が吹き込まれているものであること、その意味で「本は生きている」のであって、その「生きている本」を読むことは、読者がよりよく生きるためになくてはならないものであることを示唆するものであったのではないかということです。

では、これまでの私にとって、より良く生きるための本はなんであったか。下村湖人『青年の思索のために』（新装版、ＰＨＰ研究所、２００９年）と、武者小路実篤『人生論』（角川文庫、平成16年）の二冊を上げることができます。さらにそのうちの一冊を選べと言えば、私は躊躇なく前者下村湖人の『青年の思索のために』を選ぶでしょう。下村湖人（１８８４―１９５５）は、映画化されてもいる『次郎物語』の原作者として有名ですが、他に『論語物語』など数多くの作品を残しています（『下村湖人全集』全10巻、国土社）。下村湖人は、佐賀中学校教員、唐津中学校教教頭、39歳で校長として学校教育に携わってきた根っからの教育者です。49歳の時には大日本連合青年団講習所（小金井の浴恩館）所長（１９３３－３７年）を務めます。しかし、当時の軍国主義的な時勢に抗しきれず53歳で辞任し、以後講演・文筆活動に専念します。１９４８年には新宿の百人町を拠点に「新風土社」を起こして月刊誌『新風土』を復刻し、終戦後の混乱の中に新生日本を展望する論陣を張ります。

さて、『青年の思索のために』は、昭和30年の2月に湖人が逝去した後の9月に新潮社から出版されたものです。「人生随想」に13のテーマ「人生と出発」「人力の限界」「努力と天啓」「理想と実践目標」「そろばん哲学」「自らを責める」「進む心と退く心」「仕事の心がまえ」「悲運に処する道」「職業に誇りをもて」「五つの道」「新しい幸福のために」「社会人としての生活態度」。「真理に生きる」に五つのテーマ「百足虫の悲哀」「法眼と玄則」「苦労人」「旗じるし」「小発明家」。「心窓去来」に２００の箴言の三部からなっています。そのどれもの文章が、私が15歳で初めて目にしてから、70歳になった今日でも、読むたびに受けるその感動はますます深くなるばかりです。その感動を凡庸な私にはとても表現することができずに、もはや原文に直接触れていただくことによってのみ、はじめて伝えることができるのではないかと思われます。本書にはどのような解説も無力でありましょう。本書に書かれている一つのひとつの文章は、発想の豊かさ、斬新さに加えて、文章表現の巧みさに身が震えるほどの文学性を兼ね備えているのです。

「自己を生かす最上の道は、惜しみなく自己に死ぬことである。独創とは、しりぞいて小さなおのれを死守することではない。自他を絶した境地にこそ、真に偉大な独創が生まれるであろう。」１３０ページ。

「謙虚に世界のあらゆる思想に学びつつ、しかもあらゆる思想から自由でありうる人だけが、思想家の名に値する思想家である。真の思想家は独善を厭う。だから謙虚に学ぶのである。真の思想家は創造を尊ぶ。だからいかなる思想からも自由なのである。」２２８ページ。

「然り」と「否」とを、率直な気持ちと、率直な態度と、率直な言葉つきとで答えうる人たちが集まって作った社会ならば、それは間違いのない民主主義社会である。」１９１ページ。

「他人が避難されているのを痛快がるひとほど、自分が他人から非難されるのを気にやむものであり、他人に対して傲慢な人ほど、他人が自分に対して傲慢であるのをいやがるものである。」１９０ページ。

「相手が自分を侮辱したから、自分も相手を侮辱する、というのでは指導権は相手にある。それでは、相手が自分を侮辱したのも全く理由のないことではない。甘受するがいい。」１９５ページ。

「どんなに堕落しても向上の機会を持ち、どんなに向上しても堕落の機会を持つ。それが人間である。」２５２ページ。

ジャン・ポール・サルトル『嘔吐』

共同通信客員論説委員　岡田　充

「背伸び」したい時期がある。高校2年のころ、制服から私服に着替えて自宅近くの喫茶店に入った。クラッシック音楽を聴きながら、当時流行った実存主義の「旗手」ジャン・ポール・サルトルの小説「嘔吐」（白井浩司訳　人文書院　1951年）のページをめくり始めた。

字面をながめ何度も読み返すのだが、ほとんど理解不能。主人公の学者ロカンタンが、栗の木の根っこを見て「嘔吐」するくだりでは、「木の根っこなんか見ても吐き気は起きないな。実存主義者になるのは無理かな」と、ため息が出た。いや待てよ、翻訳が悪いのでは…。そう思い込んだこともある。キーワードの「アンガジュマン」の翻訳が「投企」というのも分かりにくい。「社会参加」とすれば理解できるのに、というのは後知恵に過ぎない。

やがて大学に入ると、キャンパスではベトナム反戦運動が盛り上がっていた。パリでは、ソルボンヌ大の学生が学生街を占拠する1968年5月の「五月革命」が起き、サルトルも学生支援の輪の中にいた。読書に代えキャンパス内に築いたバリケードに入り「アンガジュマン」

の毎日が始まった。

留年して5年かけて卒業したあと通信社記者になった。主として国際報道に当たったが、仕事で必要な欧州関係の本を読むうちに、キリスト教とその文化がいかに欧米人の精神を支配し、社会の隅々まで深く浸透しているかを知った。無神の身にはなかなか理解できない世界である。やがてモスクワ特派員としてロシア人と触れ合う中で、「嘔吐」を理解する糸口が見つかったような気がした。

いまの世界には「物事を整理して規定し道標を示してくれる」神はもはやいない。「神は死んだ」のだ。サルトルの実存主義もそれが出発点である。神から引き離された裸の人間の存在は無に等しい。神に代わって自分自身を規定するには、facebookの「自己紹介」のように、出身地や出身校、勤務先などさまざまな記号が必要になる。

そうか。吐き気をもよおしたのは「何者かだと規定されること」に不快感を抱いたためだったのだ。自分の存在から記号を切り離すことによって「純粋な存在」に向き合えるとサルトルは考えた。こう理解したのは、読んでから20年以上経っていた。

背伸びは悪いことではない。いくら難解でも、頭の片隅にいくつかのキーワードが残っていれば、やがて理解の手掛りが見つかる。異文化にたくさん触れること。文化の衝突を通して、自分の文化と言語、思考方法を相対化できるからである。それが30年後であろうと50年後でもいい。手掛りを発見した時の喜びは何にも代えがたい。

『論語』のすすめ

福山大学名誉教授　大久保　勲

諸葛孔明（１８１－２３４年、孔明は字で、中国では諸葛亮と呼ばれている）は「誡子書」という家訓を残している。一昨年秋に、中原の旅をして、諸葛亮が青年時代に寓居したとされる河南省の南陽臥龍崗を訪れ、そこに「誡子書」の石碑があることを知ってことのほか、うれしかった。これは諸葛亮の一生の総括ともいわれ、古代家訓中の名作とされている。そこに「そもそも君子というものは、（心を）静かにして身を修め、（身を）慎んで徳を養うものである。あっさりして無欲でなければ、志を明らかにすることが出来ないし、安らかで静かでなければ、遠方まで思いを到達させることができない」とあった。

中国や日本で万世に敬慕されてきた諸葛亮も、『論語』を学んだに違いない。『論語』は孔子〈紀元前５５１－４７９、名は丘、字は仲尼〉の弟子が孔子の言行と談話を整理して記録したものである。

ずいぶん昔のことになるが、１９７９年12月に、孔子の故郷である山東省曲阜を訪ねる機会があった。孔子廟、孔子の子孫の住居の孔府、孔子とその子孫の墓地である孔林は、いずれも何万坪もの広大な敷地にあり、孔子の子孫はいま77代目で、悠久の時の重みを感じさせられた。

孔子は中国の古代の偉大な思想家・教育家・儒家学派の創立者である。儒家思想は中華民族の伝統的な文化の基礎を築き上げ、２５００年以上にわたって中国社会の各方面に大きな影響を与えてきた。日本には２８５年に百済（くだら）の王仁（わに）が伝えたとされ、『論語』は日本でも既に１７００年以上にわたって読み続けられてきた。

「子曰（いわ）く、学びて時にこれを習う、亦（また）説（よろこ）ばしからずや」で始まる『論語』に是非親しんでほしい。

最後に私の最も好きなのは「吾（わ）が道、一以て之を貫（つらぬ）く」「夫子（ふうし）の道は忠恕（ちゅうじょ）のみ」である。孔子が、わたしは終生一貫した道を歩いてきた、と言い、解しかねていた門人たちに、弟子の曽子が、先生の一貫した道とは、忠恕（真心からの他人への思いやり）である、と答えたくだりである。

第4章　私の読書記録　読書余滴

「マスコミの王様」大宅壮一の青少年時代をよむ

宮崎県立大学准教授　阪本　博志

「職業は、いや、人生は、他から与えられるものでなくて、自分でつくるものである。自分でつくったといえるような人生なら、たとえ失敗しても悔いるところはない」。

このことばを私は、毎年講義の最後に、ひとりひとりが社会に出て自身の人生を着実につくっていってほしいという願いを込めて、受講者に伝えている。このことばは、昭和を代表する評論家・大宅壮一（一九〇〇‐一九七〇）のものである（「職業創作論」『知性』一九五五年五月号）。

一九二〇年代に編集・評論活動を開始した大宅は、昭和三〇年代にあたる時期である一九五五年‐一九六四年に最盛期を迎えた。新聞・月刊誌・週刊誌・テレビ・ラジオという各マスメディアを横断して活躍する「マスコミの王様」と称された。

筑摩書房から一九六〇年に刊行された『大宅壮一選集12創作・自伝』は、大宅による創作作品と、それまで雑誌に寄稿した自伝的文章から構成されている。後者の部分は現在、『人間の記録１７９　大宅壮一『自伝』（日本図書センター、二〇一〇年）として新刊で入手可能である。

大宅は一九〇〇年に大阪府三島郡富田村（現高槻市）の醤油醸造小売業者の三男に生まれた。生家は父方の祖父が興した事業を手広く営んでいたが、父親の浪費により家運は傾いていた。大宅は家業に励むかたわら、時事新報社の雑誌『少年』に作文を投稿してメダルをもらったことがきっかけとなり、作文・和歌・俳句等を少年雑誌に盛んに投稿し掲載にいたっていた。

上記自伝で大宅は書いている。「父はいよいよ何もしなくなり、最後まで残っていた番頭も、あいそをつかして出て行った。私は同年輩の小僧一人を相手に、何もかも切りまわして行かねばならなかった。それでいて投書などをする暇をどうしてひねり出したかというと、和歌や俳句のような簡単なものはもちろん、相当長い作文でも、すべて歩きながらつくったのである」。

中学入学後「家は没落に瀕」し、「家業をほとんど一手に切りまわさねばならぬ」ようになった。「醤油屋というのは、醸造の面では激しい重労働を伴い、販売の面では純然たる商人にならねばならぬ。そのわずかな間隙を縫って、知識欲が猛然と起ってきた。／毎朝四時ごろに起きて学校へ行く前に、米を二斗搗くのが私の日課になっていた。そこでいろいろ工夫して書見台のようなものを考察し、その上に書物を立てて、二宮金次郎流に、読みながら米を搗いた。それは私にとって一番楽しい時間だった。それから約一里の道を歩いて中学へ通うのであるが、天気のいい日は歩きながら読み、雨の日は英語の単語を覚えたり頭の中で文章を書いたりした」。

「東京に在る友に近況を報ずる文」と題した中学時代の夏季休暇宿題の作文には、このようなくだりがある。「或時は制服制帽いかめしき学生となり、或時は田園に鋤鍬を把って農夫となり、或時は腰に矢立をさして商人となる我生活は三段返しと申すべくや候わん」（『青春日記』下巻、中公文庫、一九七九年）。

大宅自身大正時代（一九一二年‐一九二六年）を「わたくしの人間形成がなされた時代」としている（『炎は流れる――明治と昭和の谷間』第一巻、文藝春秋新社、一九六四年）。大正デモクラシーという時代背景に大宅が影響を受けたことについてここでは触れないが、こうした努力が後年の「マスコミの王様」の基盤を形成したことは容易に見てとれよう。大宅自身による青少年時代の記録をひもとくとき、若き日の努力がそのひとを形成するということを改めて思い知らされるのである。

〃『心に太陽を持て！』――読書遍歴の末に思い出す小学読本〃

ハチソンワンポアジャパン代表　遠藤　滋

元来気が多い私は、何にでも興味を覚えて色々な本を手にしてしまい、これぞ我愛読書というお勧めはありません。高校生時代、受験勉強はそっちのけで、ロマンローラン、和辻哲郎、亀井勝一郎の本に没頭し、加えて英文学者になりたかったこともあり、辞書を引き引き、ゴールドスミスやトーマスハーデイなどを原文で読んだのですごく時間がかかりました。東大を何度受けても受からなかった訳です。

文学への道を絶ち、経済学部に進んだものの、心の迷いは消えず、ハイデッガー、ヤスパース、サルトルの哲学書を読み漁りました。サルトルの「実存主義とは何か」という本にある「Engagement（アンガージュマン）」とは、自らの道は自らの選択と行動で現実化して行け、ということでした。以後会社生活を通じて、分かれ道に来ると思案ばかりでなく、良さそうで御せそうな道を突き進んで、結果が出せたような気がします。

冒頭にも書きました好奇心だけでなく、人と同じでは面白くない、人より時間と空間をより遠くより広く考えようという欲が出て来ました。読書は、次第に作り話で無い歴史とか伝記ものが中心になって行きました。現在もそうです。「好奇心と負けず嫌い」が我人生を支えてきたようです。

ここで子供の時に影響を受けた本を一つ紹介したいと思います。『心に太陽を持て！』という山本有三が昭和10年に出した本で、世界各国の逸話美談の物語がやさしく書かれています。戦争中小学校4年生くらいのとき家の本棚で見つけたもので（或いは母親が見つかるように置いていたような気もします）、戦後も中学に入ってから何度か読みました。この本は１９８５年新潮文庫で再販されています。

ページを開くと先ず「心に太陽を持て、嵐が吹こうが雪が降ろうが、地には争いが絶えなかろうが、心に太陽を持て、そうすりゃ何が来ようと平気じゃないか！唇に歌を持て、ほがらかな調子で。日々の苦労に、よし心配が絶えなくとも！」という詩です。「心に太陽を持て、唇に歌をもて」という言葉は私の心の中に刻み込まれたようです。

第一話はアメリカが10年かけてパナマ運河を開通させる物語で、大統領の命を受けたゴータルスという軍人が指揮をとり、何万もの人を使い、黄熱病や悪天候と闘い、山を崩し岩盤と開き、50個の鉄門を作り、ついに開通させる話です。労働者には東洋人、アメリカンインデアン、メキシコ、黒人も居ました。皆ゴータルスは軍隊式の厳しさを要求してくると怖れました。ゴータルスは言います。「この仕事の重大な意義を知り、人間同士の本当の了解を作り、その力で自然を征服して行こう」と。そして毎日曜日、誰とでも会う日曜会を開いています。人類は、大宮殿やピラミッドなど大事業を奴隷を使ってなし遂げましたが、鞭ではなく、正しい理解が人間を仕事に駆り立ててこそ、その仕事は人間の誇りとなると考えたのです。１９１４年開通の第一船には多くの礼服を着た人が甲板に居ました。労働者は皆彼を探しますが、彼の姿はありませんでした。水門の扉の運転を視察していたのです。

第２話以降、海底電線を敷いたアメリカ人実業家、英国の探検家スコット、自らは貧しいながら不幸な人のために一生を捧げた洗濯女の話、第一次大戦の傷病兵の話しなどが語られ、太平洋の風雨と闘いアメリカに向かった咸臨丸の話しで終わります。

この本は、私の目を世界に広げ、前向きなマインドを持たせ、人間はどう生きるかを教えてくれたと思います。子供向けの本ですが、まだ私の本棚に置いてあります。

イギリスの血沸き肉躍る二人の作家について

法政大学名誉教授　川成　洋

(1)　推理作家　ジュリアン・シモンズ

遥か昔の話になるが、１９７７年４月、私はロンドンのソーホ地区のイタリアン・レストランで、ジュリアン・シモンズ（１９１２〜９４）と初めて会った。シモンズは、イギリス推理小説界の重鎮であり、「ミステリーの女王」と謳われたアガサー・クリスティの後任としてイギリス探偵クラブ会長におさまっていた。作家としての仕事の関係では、イギリス推理作家協会（ＣＷＡ）ダイヤモンド・ガーター賞、アメリカ探偵作家協会（ＭＷＡ）巨匠賞などをはじめ数々の文学賞を受賞している。

わが国でもシモンズの推理小説は数十点ほど翻訳されており、また、彼の探偵小説をめぐる評論・エッセイなども十数点翻訳されている。推理小説研究の最高傑作としては、犯罪小説論の集大成『ブラッディ・マーダー――探偵小説と犯罪小説への歴史』（宇野利泰訳、新潮社、２００３年）が挙げられる。

ところで、シモンズは、こうした著名な推理作家だけではない。20世紀最大のポレミックな作家である「ジョージ・オーウェルの高弟」といわれる書評家であり、それも『タイムズ・リタラリー・サプルメント（ＴＬＳ、タイムズ文藝付録）』の常任書評家であった。ＴＬＳは、１９０２年に創刊された「新刊書評週刊新聞」であり、その母体は、名称からわかるとおり、イギリスで最も歴史のある日刊紙『タイムズ』（１７８５年創刊）である。

ＴＬＳは、タブロイド版で、50頁余りである。そして、ＴＬＳの巻頭書評は、恐らく日本語に直せば、１００原稿用紙40〜50枚であろうか。書評というよりどっしりとした「書評論文」である。しかも、その分野の最高の研究者が執筆を担当することになっている。わが国の大学図書館は、少なくとも、英文科のある大学であれば、このＴＬＳをハードカバーで製本して揃えているはずである。ＴＬＳがきちんと保管されているかどうかが、その大学図書館の資質のバロメータになっているのだ。

ＴＬＳ以外に、『タイムズ』は、日曜日に『サンデータイムズ』を出している。これにも、10ページほどの書評特集「ＢＯＯＫＳ」がついている。従って、日曜日は、ＴＬＳ、『サンデー・タイムズ』の「ＢＯＯＫＳ」とすごい量の書評である、さらにイギリスでは、いわゆる「高級紙」といわれている『ガーデアン』（１８２１年創刊）と『インデペンデント』の２紙があるが、この2紙も日曜版には、10ページ余りの「BOOKS」が付いている。ところで、我が国の全国紙3紙の日曜日の書評は、わずか4頁である。しかも、書評は刺身のつまに過ぎないというのか、書評の字数もほぼ800字が平均である。これでは、遺憾ながら「書評文化」とは到底言えない状況である。

(2) スパイ小説家 ジョン・ル・カレ

イギリスの海外秘密情報部といえば、1588年の対スペイン無敵艦隊を放逐し、エリザベス朝に「秘密情報部の父」と謳われたサー・フランシス・ウォシンガムを先達とする伝統が、それ以降連綿として続いたとはいえないが、「平時」はともかくとして、少なくとも「いざ、鎌倉」となれば、底流としてあるイギリス流の経験主義がスパイ組織の再興・構築に大いに寄与したのは間違いであろう。

ところで、20世紀のイギリス海外秘密情報部（MI6）のエージェントといえば、あの《007シリーズ》の颯爽としたジェームズ・ボンドを想像するに違いない。勿論、これは、イアン・フレミング（1908~64年）のスパイ・アクション小説の主人公であるが、モデルがいたと言われている。

第2次世界大戦期に、イギリス海軍情報部（NID）のフレミング大尉は、コードネーム「17F」として様々な奇想天外なスパイ活動に挺身し、終戦直後に自分のエージェントとしての才能を開花させるチャンスはもう皆無だろと除隊を申し出る。慰留を促す上司に返答したあまりにも有名な言葉――「今までのスパイ小説に止めを刺すために」――のように、矢継ぎ早に《007シリーズ》を上梓する。それらの映画化が、冷戦期の対ソ戦略的風潮と相乗し、第1作『ドクター・オノ』（1962年）を嚆矢として、21本の《007シリーズ》を展開してきた。

それにしても、「超人的なスパイ・アクション」のボンドとは正反対というべきか、現実社会に合わせたエージェントもいる。ディヴィッド・コーンウェル（1931〜）は、厳しい冷戦の真只中で、イギリス情報部が未曾有の大混乱していた1958年に、名門パブリックスクールであるイートン・コレッジの教員を辞め、大学時代の友人の後任として内務省保安部（MI5）に採用され、その2年後にMI6に移籍し、外交官というカバーで西ベルリンにおいて、東西ドイツの熾烈な対立をめぐる防諜活動、ベルリンの壁を越えて西側に逃亡する東側の情報提供者の脱出作戦などに携わる。コーンウェルが、MI6の在任中の1961年に出自や国籍をカムフラージュするためにジョン・ル・カレというペンネームでスパイ小説『死者にかかって来た電話』を上梓する。この後の2作品『ティンカー、テイラー、ソルジャー、スパイ』(1974年)、『スマイリーと仲間たち』(1980年)など《スマイリー三部作》の主人公、ジョージ・スマイリーは「背が低く、太っていて、せいぜい若く見つもっても中年であり、その外見は土地を受け継がなかった温和なロンドン市民の1人としかいいようがない。脚は短く、その足取りは軽快とは程遠く、衣類は高価なものであるが体に合っておらず、しかも雨でびしょ濡れになっている。男やもめ的な感じがかすかに与える……」初老の学者肌のスパイであり、スマイリーの最大の野心は17世紀の文学という未開拓の研究に反省を捧げることであった(『ティンカー、テイラー、ソルジャー、スパイ』菊池光訳、ハヤカワ文庫、1986年、30頁)。スパイとは思えない風采の男だ。だが、彼の活躍は他に追随を許さぬ大活躍をするのである。ソ連の非情なスパイ軍団を相手に……。

ところで、ジョン・ル・カレは、超有名なスパイ作家になっても自分の前歴をひた隠しにしていたが、1994年7月17日付けの『ガーディアン』紙のインタービューのなかで、かつて自分はイギリス情報部のスパイだったことを認めた。しかし、在任中に何をやっていたかは決して公にできないと述べたのだった

(『朝日新聞』1994年7月21日夕刊)。

全国の青少年と学生に贈る　読書のすすめ

『箴言と考察』を巡る思い出

関西大学東京センター長　竹内　洋

高校の卒業式が近い時。ある先生が一冊の本を私にくれた。ラ・ロシュフコオ『箴言と考察』（内藤耀訳、岩波文庫）。いつも笑みをかかさなく、怒鳴り声などあげたこともない好好爺先生。それだけに、怖くない。いってみれば存在感のない先生だった。

本をめくると、冒頭の一句「われわれの美徳は、ほとんど常に、仮装した悪徳に過ぎない」が飛び込んできた。さらに先生が万年筆で線を引っ張ってあったところを読んで、10代の私は驚愕した。何という悪意、なんという性悪説……と。あんな好好爺面をしていて、いやなやつと思ってしまった。

しかし、年齢を重ね、人並みに塵労も味わい、ラ・ロシュフコーの箴言の意味が少しは分るようになってきた。後年、ニーチェがその思想的先駆を箴言に見ていたことを知った。しだいに箴言が単なる冷笑家のものではなく、自己愛の囚われ人である人間を完膚なきまでに抉った金言だと思うようになった。そう思えるようになったとき、生徒からも軽く扱われていた先生が古武士のように、そして『箴言と考察』は先生にとっての『葉隠』のように思えてきた。

それにしても、先生はなぜこの一冊を贈ってくれたのか。私の青臭さに苦みを添えてあげようと思ってのことなのか、それとも、時折、放心したような表情を浮かべてしまうわたしの心の空隙を察知して、ただの人生を生きる真の勇気を思ってくれてのことだったのか……。いまだに謎である。

(『文芸春秋の秋』２００8年10月号より転載)

幼いときの講談本から

公益社団法人スコーレ家庭教育振興協会会長　永池　榮吉

幼い頃、父親の趣味で分厚い〝講談本〟がわが家に何冊かあった。『太閤記』『水戸黄門』『塚原卜伝』など、昔の偉人英雄の血沸き肉躍るストーリーで、いつの間にか惹きつけられ、小学生の頃から夢中になって読みふけった。講談と言っても、今の若い人にはなじみが薄いが、今で言えば歴史小説の類いと言えよう。当時、現在のルビのようなものはなく、戦前の出版物だったから文字は小さく、読めない漢字が並んでいる。それにも関わらず、適当に飛ばし読みをし、内容の面白さを味わったのだった。（そうした体験のお蔭で、学校では国語と歴史が得意となった。）

その後、子供向けの伝記本に興味をもち、リンカーンやガンジーなどに憧れるようになった。幸い、近所に遊び友達の母親の方が、私をたいそうかわいがってくださり、そのお宅には本棚にびっしり文学全集をそろえてあった。だから暇さえあれば、友達の家へ行き読みふけった。親から、「本を読むより、もっと勉強したらどうか」と嫌味を言われたが、そうした読書の思い出がいまなお、心に温かく残っている。

私は、家庭教育の世界で仕事をし、この数十年カウンセリングの現場で多くの父母の方々と接してきた。その折に、目先の成績の良し悪しにとらわれるより、性格の良い子に育てること、さらにわが子にふさわしい夢を与えることの大切さを力説し、そのためには子供の短所を改めるより、長所を伸ばす育て方を説いてきた。子供は目指すものが出来ると、目の色が輝いてくる。

さらに、幼い時から文学に接していると、人生とか人間に関する想像力が育てられることを思う。文学の世界には、様々な人が登場し、色々な人生の展開を目にすることができる。人間一人の人生体験など限られたものだが、自分で体験しなくても、多種多様な人生の存在に自ずと触れることができ、楽しみながらの人生勉強を味わうことができるのだから、有り難い。

面白い事に、若い時代に愛読したエドガ・ア・ランポ（１８０９~１８４９）の推理小説において、観察による推理の重要性を知らず知らずの内に学ばされ、その後のカウンセリングの現場で体験させて貰っている。実際、初対面の人から厄介な問題を相談されるのが、現場の常である。そして起きるトラブルは、当事者の人柄や性格、生きかたのパターンと無関係ではない。それだけに人間観察力のレベルは、カウンセリングにおいて大きな意味を持つ。これを知ったのも読書のお蔭である。

真の国際人とは　新渡戸稲造と『武士道』

文部科学省　森上　優子

みなさんは、国際人というと、だれのことを思い浮かべますか。

近代日本における国際人のひとりに、新渡戸稲造（一八六二（文久二）－一九三三（昭和八））がいます。新渡戸は大学に入学の折、将来、「太平洋の橋」として活動したいと述べたエピソードは広く知られています。彼はその後、『武士道』を英文で執筆し、日本の道徳精神を武士道に象徴して海外に発信しました。現在でも『武士道』は、日本文化論の代表的な著作のひとつに数えられています。また、後年には国際連盟事務次長として活動し、生涯を通じて国際人として生きました。

このような活動を支えたものとは何であったのでしょうか。それは、クエーカーを通じたキリスト教信仰でした。クエーカーは平和主義者として知られています。人間は「内なる光」、言い換えると「基督の種子」が内在し、神と共にある点で平等であり、尊重される存在であるとされました。このような信仰のもと、新渡戸の活動は人類の共生、世界の平和を実現するという目標を持つものだったのです。

新渡戸が活動した時代から、長い年月が経ちました。世界の平和は実現されたのでしょうか。答えは残念ながらノーです。現在でも、世界のどこかで戦争や紛争が起こり、多くの人々が傷つき、また、苦しんでいます。新渡戸がこのような状況を見たら、どんなにか悲しむことでしょう。このような時代だからこそ、私たちは、新渡戸が残したメッセージを深く心に留める必要があると思います。

互いにアラ探しをしたり、互いの特異性を大げさに言ったりすることによっては、われわれは理解と尊重に到達できない。反感によってではなく共感によって、敵意によってではなく歓待心によって、悪意によってではなく友好心によってこそ、一民族は他民族の心を知るに至るのである。『日本国民』（一九一二）

真の勇気と大人としての日本人

マックス・ヴェーバー『職業としての政治』

関西学院大学副学長、前駐ドイツ大使　神余　隆博

マックス・ヴェーバーの『職業としての政治』に、「自分が世間に対して捧げようとするものに比べて、現実の世の中がどんなに愚かであり卑俗であっても、断じてくじけない人間、どんな事態に直面しても、『デンノッホ（それにもかかわらず！）』と言い切る自信のある人間。そういう人間だけが政治への『ベルーフ（天職）』を持つ」とある（脇圭平訳『職業としての政治』岩波文庫）。これは政治家を目指す人に限ったことではない。いかなる状況にあっても自分の信念、責任感、倫理道徳に反するものには最後に「デンノッホ」と言える真の勇気を持った人間であれということである。

「それにもかかわらず、自分はこうだ」ということを、人生や仕事の大事な局面で実践しているかどうか。それがおよそリーダーシップをとるべき立場にある人にとって肝心だと思う。公職にある人間、指導的な立場に立つ人間、知識人はすべからく「よこしまな沈黙」や「ビナイン・ネグレクト」（悪意のない怠慢）を決めこんではならない。

人は必ずジレンマに陥る。それはどのレベルにおいてもある。しかし、その時にどういう決断を下せるかが大事だと思う。考え抜いて迷った場合には、人倫にもとることのない道（人として当たり前のこと）を選択するのが正道だと思う。そのことを常に頭の片隅に置いて、最後に「デンノッホ」といえる気概と自信を鍛え抜いていくことが肝要である。

正論を吐くのは簡単である。正しいことを主張するのは、少しの勇気があれば誰でもできる。しかし、正論だけでこの世の中が動いているわけではない。正論を吐くと同時にそれを貫徹させるための何倍もの努力と説得が必要である。それでも説得ができなければ、また別の手を考える、その積み重ねと多くの失敗を経て初めて物事が動くということを、若いときのさまざまな体験の中から掴んでもらいたいと思う。

最後に、日本人が苦手な社交（sociability）の重要性を強調しておきたい。本来社交というのは人間が社会的動物として存在し始めた時代から存在していた。あらゆる人間活動の根本にあるのは社交であり、政治も経済も外交も社交の一形態ということになる。社交は、一定のルール（これをプロトコールと言う）とスタイル（なりふりを構うこと、品性）を身につける必要があるので、若い時から癖をつけておかなければならない。社交には約束事があり、素養と訓練が必要だ。社交のできない人間は意識の能動性を捨ててしまったつまらない粗野な存在になる。河合栄治郎も『学生に与う』で「質素にするからといって、礼儀に反することはよくない。…ふさわしいマナーは身につけておきたい。」と戒めている。社交を重んじる風潮の醸成は価値が多元化する二十一世紀の国際社会にとって「野蛮を防ぐ奸智」（山崎正和『社交する人間』中公文庫）として益々重要性を帯びてくるだろう。

国際人とは立派な日本人となるところから始まる。真の勇気と社交性を学生時代から身につけて大人の日本人になってほしい。

読書の今日的意義、「本の学校」の試み

今井書店会長　永井　伸和

現代の学生の皆さんと、「本の学校」の試みとともに読書の今日的な意義を考えたい。
東日本大震災から間もない頃、鳥取県米子市の「本の学校」のホールで、元早稲田大学総長西原春夫先生の講演会「東日本大震災からみえてきた、これからの日本、アジアそして人類〜大事なのは非都会的発想〜」を開いた。近代思想史に遡る二時間に及ぶ白熱講義のあとの会場との一時間の質疑に、普段現代史を学校で学ぶことの少ない高校生や大学生達が、真摯に食いついていった。

この講演会は、先生が、早稲田学報六月号の特集「本の未来、読書の形」に載った、知の地域づくりや読書への「本の学校」の挑戦という私の拙文をお読みになり実現した。大きな社会の転換期に政治経済の中心を遠く離れた地域の人材とその背景の教育を重視すべきと強くお感じになったのである。

本の学校の源は、一つは鳥取県民の読書推進や市町村図書館と、地方出版の振興を求める「読

者運動」、いま一つは、明治、大正、昭和の出版界の生き証人であった今井書店三代今井兼文の「ドイツの書籍業学校に学ぶべき」という遺志だった。ドイツを視察、読書に対する見識や、図書館、学校図書館を大切にする国民性に目から鱗が落ちた思いだった。

一九九五年「本の学校」を設立、「生涯にわたる読書活動」「出版界や図書館界のあるべき姿を問うシンポジウム」「出版業界人・書店人研修」を始め、シンポジウムは二十一世紀の主役たる世代を中心に運営、彼らが中心になって懸案の正式開校＝特定非営利活動法人化を昨年三月果たした。

七月には東京国際ブックフェアにシンポジウム「本との出会いを創り、育てるために～『本の学校』はなにをめざすのか」を開いた。

それは少年の日、親父の本棚にあった一冊の本「学生に与う」との出会いという思い出と重なり、今改めて紙の本であれ電子の本であれ読書の根源的意味を問うことになった。

青少年と学生への読書のすすめ

『三国志』から内村鑑三『代表的日本人』へ

桜美林大学名誉教授　川西　重忠

「座右の書は何か」と問われたときは、私は河合栄治郎の『学生に与う』と中国古典の『易経』と『聖書』を挙げることにしている。これらの書は私自身が人間形成と思考方法に深いところで影響を受けてきたからである。読書は人間形成の大事な要素である、といわれる時に挙げている本である。しかし、今回は次の2冊の書をあげたい。それは『三国志』と『代表的日本人』である。若い青少年と学生への読書の一助になれば望外である。

中学から高校時代にかけて最も熱中した本は『三国志演義』であった。中学時代は少年向けに書かれた「三国志物語」を学校の図書館でみつけ、その面白さに夢中になった。世の中にこんな面白い本があるのかと興奮し、昼休みにはクラスメートに「三国志」に出てくる英雄豪傑の活躍を得意になって講釈していた。高校生になると平凡社版の上製ハードカバーの『三国志演義』上下2巻をむさぼるように読んだ。いま思えば、この頃が「三国志」に一番はまった時期であった。諸葛孔明、劉備、関羽、張飛、曹操などの人間的魅力に富んだ英雄豪傑が生けるがごとく自分の頭の中で躍動していた。

『三国志』の世界に転機が訪れたのは大学入学直後である。六本木に住んでいた叔母に連れられて神田の古びた家屋を訪問した。そこを辞去するとき、老主人より白い表紙の薄い冊子を渡された。『天地有情』と題された土井晩翠の詩集であった。老人は若い時に晩翠に師事した人のようであった。以来、この詩集は私の大事な一冊となった。とりわけそこに収められた〝星落秋風五丈原〟の漢文調の勇壮な詩が私の心を捉えた。いつも携行していたのでぼろぼろになった。『天地友情』は明治時代に東京帝国大学の英文学の学生だった土井晩翠の処女詩集である。孔明が二七歳で劉備と初対面の場面から最終章の五丈原で没するまでの壮大な叙事詩である。晩翠によって日本的理想の人物像に昇華された「誠の人」諸葛孔明の一代記であるともいえる。雄渾で簡潔な章句が次第に哀調を帯びつつ、五丈原陣中の孔明の死へと進んでゆく。

〝風塵遠し3尺の剣《つるぎ》は光り曇らねど、秋に傷《いた》めば松柏の色も自《おの》づとうつろうを、漢騎10万今さらに、見るや故郷の夢如何に〟の有名な冒頭部分から孔明が陣中で没する後半の〝功名いづれ夢のあと、残れるものはただ誠、心を尽くし身をいたし、成否を天に委ねては……〟と続く東洋的諦感の世界は作者土井晩翠が諸葛孔明に託した当時の日本人が求めた理想の人間像でもあった。かつては明治の二大詩人とうたわれた藤村・晩翠のうち、いま命脈を保っているのは藤村の方であるが、私は『晩翠詩集』の〝星落秋風五丈原〟によって何度も生きる勇気と感激を与えられた。

『三国志』が私にとり中国の歴史と文学思想の入り口の役割を果たした書物であったとするならば、内村鑑三の『代表的日本人』は私の知る限り、日本人の本質を外国人に知ってもらう最良最高の本といってよい。この本は内村が欧米世界に日本の代表的人物を紹介するために英文で書いた書物である。第一中学を不敬事件で追われ、物心ともに困窮の極みにあった内村の三四歳の時の著書である。日露戦争前の内村が完全非戦論者になる前に書かれた代表作の一つである。

この本で採り上げられている人物は、西郷隆盛、上杉鷹山、二宮尊徳、中江藤樹、日連聖人の五人である。五人の一人ひとりが内村によってインスピレーションを与えられて実に魅力に溢れた人物伝となっている。この中にはキリスト教徒は一人もいない。日蓮上人に至っては正反対の宗教家といってよい。本の最初と最後に西郷と日蓮を配しているのは、当時の北東アジアの国際関係と内村の置かれた身辺の事情とも関係している。

本書はもともと欧米人向けに書かれたものであるだけにこの書を読んだフランスの首相クレマンソーは「機会があれば内村との面談を希望」し、後年アメリカの大統領となったケネディもハーバード大学時代にこの書によって「上杉鷹山」を読み、論文を提出している。新渡戸稲造の『武士道』、岡倉天心の『茶の本』、そして内村鑑三の『代表的日本人』の三冊は、欧米に日本人と日本を知らしめた。内村も新渡戸も天心も欧米の政治家、知識人を英文でもって啓蒙し感化を与えたところに、今のグローバル時代に生きる私たちが考えねばならないものがある。日本では戦前、戦後を通じてその時代を代表する学者思想家、又は作家により多くの偉人伝、人物伝が出された、戦前では大川周明、安岡正篤、鶴見祐輔氏等による人物伝が話題となった。最近では堺屋太一氏の『日本を創った12人』等が新書版で出版されよく読まれた。内村が取り上げた五人の日本人は時代も、活躍した場所も、その職業も、おかれた地位や立場もさまざまである。内村が「代表的日本人」として五人を採択した基準は、物質的、金銭的、更には名声の多寡によって成功者とみなす合理的世界の判断によって決めたのではなかった。時代を切り開く勇気ある人物として、あるいは天より与えられた使命をそのおかれた立場で精励し履行する人物として、描かれている。この五人を通じて内村の人物観、歴史観、世界観が浮き彫りにされてくる。

そして5人に共通することはまさに日本的美質をたっぷりと備えた典型的な代表的日本人である。同時に5人のいずれもが聖書的人生観と同質のものを非常に多く持ち合わせているところに内村の含意もある。

本書は日本でよりも当時の欧米世界で読まれ多くの政治家、思想家に影響を与えた本である。学生時代に、それも就職活動に入る前の学生にぜひ読んでもらいたい岩波文庫の一冊である。

『1421〜中国が新大陸を発見した年』過去のロマンと現代の夢

国際貿易投資研究所 研究主幹　江原　規由

本の題名となっている1421とは、著者メンジース氏が、中国がアメリカ大陸を発見したとしている年のことである。通説では、新大陸が発見された年は、イタリア人のコロンブスがアメリカ大陸を発見した1492年とされているが、メンジーズ氏は、アメリカ大陸の発見は、明の第3代皇帝永楽帝（1360〜1424年）の命を受けた鄭和（1371年－1434年）が率いる大艦隊による、とする。さらに、鄭和の大艦隊による大航海は、マゼランによる初の世界一周（1522年）やバスコダガマの喜望峰経由インドへの初航海（1498年）にも先立っていた、とする。本書は、メンジーズ氏がたまたま目にした古地図から、それまでの歴史的な定説を覆す数々の仮説を立て、それらを非常に論理的に検証している。メンジーズ氏がイギリス海軍の潜水艦艦長だったことから、海図読解や測量技術に長けており、彼の立てた仮説は説得力を増している。本書は、歴史の定説から漏れた壮大な冒険とロマン、そして、中国と世界の知られざる関係を解き明かし、当時の中国文明、大艦隊の規模に代表される西洋造船技術を圧倒する中国の技術力の高さをもうかがい知らせてくれる。

当時、鄭和は７度（１４０５年—１４３３年）もの大航海の指揮をゆだねられている。鄭和に託されたのは、行く先々での中国の威光の誇示であり、通商交易と外交であった。鄭和の活躍の主舞台は、今日的にいうと、習近平国家主席が２０１３年９月と10月に打ち出した一帯一路構想の「一路」（海上シルクロード）にほぼ重なる。現在、「一路」には、環太平洋戦略的経済連携協定（ＴＰＰ）、東アジア地域包括的経済連携（ＲＣＥＰ）、アジア太平洋自由貿易圏（ＦＴＡＡＰ）そして、日中韓ＦＴＡといったメガＦＴＡ、即ち、広域経済連携ネットワークの構築が期待されている。本書を読み進めていくと、今から６００年前の鄭和の大艦隊は、これらの地域に当時の世界最大の通商交易圏を構築しつつあったのではないか、との想像が脳裏をかすめてくる。もしかしたら、鄭和の大艦隊は日本にも到来したのではないか。皇帝永楽帝はなぜ、鄭和という、宦官でイスラム教徒であった高官に大事業を任せたのか。鄭和の大航海はなぜ、その永楽帝の崩御と共に突然終結したのか、など、次々と疑問が湧いてくる。

今日の社会において、トランプ米大統領が離脱を表明したＴＰＰはどうなるのか、中国が支持するＲＣＥＰはどう展開するのか、そして習近平国家主席の一帯一路構想は、はたして、永楽帝の大事業の二の舞にならないか、等々、次々と湧くそんな問いかけに、本書は無言で想像力をかき立ててくれるようだ。
現代の中国の対外発展戦略をみる上で、本書は格好の1冊である。あくまで仮説として本書を読み進め、過去のロマンと現代の夢に思いを馳せてほしい。

書　名：『1421〜中国が新大陸を発見した年』
著　者：ギャヴィン・メンジーズ
訳　者：松本剛史
発行年：2003年12月
出版社：ソニーマガジンズ

書物に行動のエネルギーを求めた河井継之助――

司馬遼太郎著『峠』

元中国重慶総領事　瀬野　清水

若い日には進路に迷うことが多い。今から45年前の私もそうであった。

１９７２年の暮れ、大学の卒業を翌年に控えて友人はさっさと就職先を決めているのに、私は悔いのない人生とは何だろうという普段考えもしなかった疑問に突き当たったまま、いつ抜け出せるかもわからない暗闇の中にいた。中国に行きたい一心で中国語を学び、大学にさえ行けば仕事はついて来るものだと単純に考えていた私は、いざ就職となると中国語を使って何をすればよいのか分からなくなっていたのだ。１９７２年の中国は、日本との国交こそ正常化したものの、竹のベールから垣間見える「文化大革命」ただ中の中国は、混乱の極みのようであった。

私は御籠りさんのように部屋にこもったまま、手当たり次第に本を読み漁っていた。その中の一冊に司馬遼太郎の「峠」があった。「峠」は越後長岡藩の家老、河井継之助の半生を描いた、司馬遼太郎43歳の時の小説である。継之助は１８２７年、長岡藩士の長男として生まれ、黒船の来航に始まる幕末の動乱の中、藩政改革の道半ばにして41歳の生涯を閉じた人物だ。この作品が新聞の連載小説として発表されたのは１９６６年11月から６８年5月まで。司馬遼太郎の筆にかかった継之助の生きざまは中国の文革の影響を受けた大学紛争の渦中にあった多くの学生の共感を呼んだようだ。私もその一人である。私は自分の将来を重ね合わせる思いで「峠」から拾った片言隻句をノートに書き写したものだ。

「政治は万能でなく、万能であってはならない」

「新しい世をひらく者は新しい倫理道徳を創めねばならぬ」

「世の中というものは生き物だ。それを生かしめているのは制度、法律、習慣、道徳の４つである」

45年を経ても手元に残るそのノートを読み返すと、先の見えない21世紀の今でも十分に新しい。継之助は「文字が立ってくるまで読む。書物に知識を求めるのではなく、判断力を砥ぎ、行動のエネルギーをそこに求めようとした」という。

そうだ、外交官になって中国に行こう、と決意させてくれた忘れがたい一書である。

読書の勧め

一般社団法人日中経済貿易センター相談役　青木　俊一郎

私が少年時代、最初に感動したのは少年倶楽部に登載された松下幸之助が二股ソケットを作った物語であり、そんな会社で働きたいと素直に思った。幸運にもそれが実現できた。

次に中学時代に当時の神戸海洋気象台の横にあった生田中学の窓際の席で授業中神戸港に出入りする汽船を眺めて、将来外国で仕事をしたいと思った。それが松下電器から26年間も台湾、インドネシア、中国の現地会社へ出向し40年間の中、約3分の2を現地の仲間と共に働くことができた。

高校時代には原語でヘミングウェイの「武器よさらば」や「誰が為に鐘は鳴る」を辞書を片手に読み、ペーパーバック版で英米の探偵小説や企業小説を今に至るまで鞄に入れて楽しんでいる。

大学時代には魯迅や巴金を原書で読み、サッカー部のキャプテンを務めたため、卒業論文執筆の時間が無くなり必死で茅盾（ぼうじゅん）の全集10巻を2か月で読了し、革命期の上海を中心とする現代小説を分析した。その後、彼は文化大臣になったが文化大革命の折、ブルジョワ分子とされ三角帽子をかぶされてしまった。

台湾時代には家庭教師につき紀行文の名作「老残遊記」を通読した。

インドネシアでは敬虔なキリスト教徒であった亡妻について日曜礼拝にプロテスタントのジャカルタ　コミュニテイ　チャーチで英語版の聖書を読み、米国人ハスキンス牧師により洗礼を受け信徒になった。

聖書はこの40年常に枕頭にあり、数回通読している。最も好きな聖書の言葉は新約のルカによる福音書第11章の「求めよ！そうすれば与えられる、探せよ！そうすれば見つけることができる、叩けよ！さらば開かれる」であり、私の人生そのままである。

松下電器を卒業し、日中経済貿易センターの理事長に就任してからは、自ら翻訳したり、創作する時間が与えられ、これまで畏友銭寧さんが書き下ろした「興亡夢の如し　秦の宰相李斯」と「聖人　孔子の生涯」の二冊を翻訳出版した。伝記著作として「改革開放の救世主　朱鎔基総理の時代　清正廉明」である。中国では百年に一度しか出ない偉大な人物と何人も認める人物像を十数年来温めていた伝記でやっとの思いで書き上げることができ、ぜひとも読者諸氏にはご高覧いただきたい。

私のこれまでの人生行路で常に私を導いてくれたのは、松下幸之助の言葉、数々の書物、特に聖書、孔子・孟子、であり常に至らぬ私にアドバイスしてくれた亡妻である。

「あとがき」に代えて

桜美林大学名誉教授　川西　重忠

青少年時代の読書体験が、その人の人生に潤いを与え、人間形成と人間関係に大きな影響を与えるものであるということは、いつの時代も変わらない真実として語り継がれてきた。科学技術の進歩により即時性と利便性に優れた文明の利器スマホ万能の現代社会にあっても、この読書の持つ本質は変わらない、と私たちは考える。

今回発行の『生涯読書のすすめ』は昨年2月に発行された『全国の青少年に贈る　読書のすすめ』の増補改訂版である。アジア・ユーラシア総合研究所に関係を有する有識者の方に読書体験について自由に書いて戴いた。

アジア・ユーラシア総合研究所が、昨年春に北東アジア総合研究所の文化資産を引き継ぎ活動を始めて間もなく1年となる。本書は新規研究所での12冊目の刊行物に当る。

企画と編集には、いつもながら河合栄治郎研究会の協力を得た。同研究会は、「人格の完成」、

「人格の成長」を基本概念とする戦前の東京帝国大学教授、河合栄治郎の人と思想に共鳴する有志的結合の研究会である。年々、共鳴者も増え、一昨年の2016年度は、全国の4大学（桜美林大学川西ゼミ、亜細亜大学宇佐見ゼミ、日本大学高久保ゼミ、沖縄国際大学芝田ゼミ）の4ゼミがこぞって河合の『学生に与う』をテキストとしてゼミ生の感想文を収録して出版化するという大学教育界でも前代未聞のプロジェクトを成功させた。

今回の『生涯読書のすすめ』は一般読書人、とりわけ青少年に読んでいただきたい。

執筆者は、特定の分野に偏ることなく、各分野の有力者に呼びかけた。原著48名に加え更に9名の有識者の方に新たに執筆に加わっていただいた。質量とも一段とパワーアップできたのではないかと自負している。

本書には、今まで毎年出版してきた6冊の『学生に与える』シリーズ本の中から、読書に関する数編を採録させて戴いた。それらの筆者にはその都度了解を戴いていたが、漏れがあった場合にはご寛恕をお願いしたい。

最後に、本書が現代の一般読書人と青少年の皆さまの読書欲を促し、よき導きとなって読書の面白さに触れるきっかけになるのであれば、そして心の糧（かて）になるのであれば、編者及び執筆者一同、何よりの喜びです。

二〇一八年二月一五日

川西重忠編著者　略歴

鳥取県出身、
県立八頭高等学校卒業、
早稲田大学法学部卒業、
日本NCR、三洋電機中国副社長を経て、ドイツライプチヒ大学、
ベルリン自由大学客員教授を歴任。
桜美林大学大学院国際学研究科教授に招聘される、
併せ北東アジア総合研究所所長を兼任
現在、桜美林大学名誉教授、
(財) アジア・ユーラシア総合研究所所長、代表理事、
SBI大学院大学教授

著者：『中国の経済文化』『断固たる精神　河合栄治郎』他

増補改訂版　生涯読書のすすめ
全国の読書人と青少年・学生に贈る

2018年2月15日　初版第1刷発行

編著者　川西　重忠
発行者　川西　重忠
発行者　一般財団法人　アジア・ユーラシア総合研究所
〒151-0051　東京都渋谷区千駄ヶ谷1-1-12
Tel：03-5413-8261　Fax：03-5413-8912
http://www.obirin.ac.jp
E-mail: n-e-a@obirin.ac.jp
印刷所　株式会社厚徳社

2018 Printed in Japan
ISBN978-4-904794-97-5
定価はカバーに表示してあります
乱丁・落丁はお取り替え致します